一 馨 愛 珍 藏 版 一

母愛真可怕？

MOM

許常德

新版序
每個媽媽，都該擁有自我

我永遠記得《母愛真可怕？》上市時，有位臉友媽媽留言給我，她說那天下午準備去誠品書局買這本書。當天晚上，這位媽媽再度留言，她說：

「我下午到誠品，停好車，上了樓，依著工作人員的指引，來到你的新書面前，看到封面時，我突然愣住了。我在想，如果我在捷運上看這本書，旁人若看到書名是《母愛真可怕？》，會怎麼看我呢？把書買回家，婆婆會以為我在諷刺她嗎？孩子呢？會等同我在提醒他母愛很可怕嗎？所以，後來我沒買，就回家了。我不知道我為什麼會這樣？我知道你的書裡講的是什麼，我沒有懷疑，且是百分百認同，但我在怕什麼呢？」

她的擔憂都是這個社會給她的壓力，即使她不認同，她還是會顧慮如何不讓狀況變更複雜，因為媽媽這個身分都是超時超量的，都經不起再多點節外生枝。就像她會擔心婆婆的誤解，可見她們的關係平常就有點緊張，連解釋的空間都沒有。另外這個社會好像也沒有公道評論

母親的空間，一評論，就會招來冷血不體諒的罵聲，即使有些母親的「惡」都是千真萬確的。

是的，這麼被打壓，造成那麼多複雜的重責，不順利就可能有致命危險的一個「媽媽」身分，為何都沒有人真心關心她們的艱難處境？好像這危險是造就母愛偉大應付出的代價，好像這一切的過度承擔都是應該的，完全不想如此執著下去的後果可能會造成媽媽病態的抱怨，如慢性絕症一樣，失去了一個家裡最珍貴的和諧舒適氣氛。

媽媽會不停的抱怨，都是來自這個社會不允許媽媽放下過多的責任。

媽媽會強力的掌控成年後的孩子，是因為她自從有了孩子後，就在很多的時間內排除了自我，並且長期以孩子、以家為主，掏空了自己，養成了大量去介入別人人生的習慣。

說穿了，一般人歌頌媽媽的偉大，都是在鼓勵她們無止境的犧牲，沒有顧慮到這麼用力執著帶來的後遺症，漠視那麼多悲慘媽媽的處境。

這次再版，我還是不改書名，我希望這本書可以有幾種可能。第一，如果妳有孩子，媽媽可以買這本書給

孩子，光是將這本書由媽媽親手交給孩子，就會產生奇異的魔法。這魔法會讓孩子看到媽媽很大的轉變與新樣子的現身，孩子即使無法完全相信妳會照書中所說的改變，但會感受到妳想反省的誠意，如果妳能把書送上後跟孩子說，妳希望他幫助妳成為更快樂、更進步的媽媽，因為可怕的母愛都是壓力過大和觀念偏差所造成，所以這本書是要家人一起來救媽媽的。

第二，如果你有這樣的媽媽朋友，你可以買這本書送給她，然後告訴她，當你發現對孩子的愛長期都在焦躁爭論的狀況，這是有機會止痛的一本書，因為它會告訴你讓事情變惡的原因，不要變成被孩子怕或煩的媽媽，那樣太不值得。

第三是買給自己。如果妳本身就是個需要被拯救的媽媽，把這本書放在家最明顯的地方，並告訴家人，一起幫妳變成快樂的媽媽。一個快樂的媽媽，一定是有智慧的媽媽，一定懂得平均分配，而不是什麼都攬在身上，養成什麼都放不下的擔心習慣。

可怕的，不是媽媽。
可怕的是集體鼓勵媽媽用力的扛起複雜的家庭責任。

序
對不起　請息怒

如果你看到本書的書名就勃然大怒
如果你還能拿出你的修養挪些包容來看我的序
對不起
請你
息怒
讓你生氣非我本意
我只是想引起注意
提醒大家
媽媽的狀況已到了令人擔憂的地步

她們的工作總是超時
她們的風險總是最大
她們的腦袋還被塞滿社會對她們不人性的期待
她們的身分總是多重
她們的愛不知節制
她們像是萬能什麼事都要她扛下
她們很苦
很容易很苦

苦久了就會變成長途賽跑的選手
終點是孩子的長大成人
而這還可能是第一回合的競賽

賽程中
為了獲勝
她們會全神貫注
如果有必要
她們會先犧牲掉自己的娛樂夢想事業和健康
如果還不夠
她們會犧牲掉她和丈夫的一切
萬萬不能不要的是她對孩子的照料
不管她有沒有能力
不管別人是否會比她更適合

於是我們會看到很多媽媽半路落後或陣亡了
她們都是負擔超支的一群
一路上很多人為她們加油打氣讚揚喊口號
卻不見誰看到她們的苦與痛
好像在看鬥雞賭賽般
大家都瘋狂在比賽裡
為了孩子
為了孩子
為了孩子

為什麼沒有人看到這競賽的危險
現在結婚率那麼低會不會就是因為孩子都看到了媽媽的
沉重
結婚生子不是人生的必然
不適合請不要入座

這是一場不知道要得到什麼的競賽
雖然媽媽心裡清清楚楚想要什麼
只是不便明說
或是不知怎麼說
孩子看著她們的一路改變
孩子也想卸下媽媽身上的重擔
只是這還是要媽媽本身願意

癮
是媽媽要特別注意的事
長期重複做某一件事
就可能變成一種癮
這會讓媽媽失去公平的判斷
這會讓孩子養成依賴的習慣
對雙方的好處都不及它帶來的壞處
最大的壞處在於
孩子會不滿妳老是什麼事都要告訴他怎麼做才是對

唉
我也在想
我為什麼要想那麼多呢
看著一位位新媽媽的加入
我想提醒她們怎麼避免讓自己的愛不要變成可怕的力量
想　是我們最能給的關心
不是嗎

所以
請息怒
雖然我不需要對不起
但我仍為
我讓你誤會而說對不起

叛逆

「做」人一輩子　一小段時光的叛逆為何要禁止

叛逆之前
一定是一條慢慢覺醒的脫殼之旅

每脫一層
就一層撕裂的痛

女兒第一次給妳仇恨的眼神
兒子第一次叫妳別再進房間前不敲門
女兒第一次要妳閉嘴
兒子第一次逃家
女兒第一次沒先報備就外宿不歸
兒子第一次偷書被抓
第一次總是令人震撼
尤其是在媽媽的眼裡
大多數的媽媽把這震驚解釋成叛逆期的來到

真相
不一定是

媽媽想的
那樣子
或許叛逆的是媽媽

她背叛了她也曾經叛逆的青春
她怎能忘記　那時的叛逆　是多麼需要家人體諒並帶領
的展翼期
第一次將翅膀展開
難免碰撞
妳難道都沒記憶嗎

妳試著這樣想想
那個仇恨的眼神也許只是怪妳不支持她的眼神
那個叫妳不敲門不行的男孩只是跟妳討個尊重
那個要妳閉嘴妳也許那時真該閉嘴
那個逃家的心情跟妳每次都想逃
但每次都做不到的逃家是一樣的

也許妳會說
那個確定是叛逆
不清楚糾正
逃過家的孩子就不把逃家當一回事

我覺得
越緊張
就越加強逃家的機會

「做」人一輩子
一小段時光的叛逆為何要禁止
唉

別做這樣的媽媽
別把每個對妳的挑釁動作都解釋成叛逆
叛逆
至少有表態的勇氣

下次
遇見叛逆
建議妳
冷眼旁觀
並
幽默以對

MOM
02

「母愛真可怕」，你怎麼看這句話？

把人神話　把愛弄到偉大　其實是阻礙進步的腐臭觀點

光聽到這句話就抓狂了嗎
覺得母愛受到汙蔑了嗎
還是　心突然被電醒了一下
有些記憶活起來了

當有人說交通真可怕
你會覺得他汙蔑了交通嗎
還是覺得他可能在警示我們什麼

把人神話
把愛弄到偉大
其實是阻礙進步的腐臭觀點
這些觀點的特色是
誇大故事　光滑無缺
把人生妝點成瓷娃娃
既然都說成了完美
當然就沒有改善進步的可能了

真的對母愛有份敬意
就該把母愛當成平常的愛
把母親當成平常的人
關心她的壓力
別再給她壓力
偉大這個字眼冠在她們身上
無疑是鼓勵她們無止境的付出
無條件的犧牲
然而愛一個孩子有必要這麼灑狗血嗎

身為人母人父人人有機會
但孩子的重擔幾乎都是母親在扛
她們一邊吃力不討好的密集跟孩子生活在一起
（要料理家事又要教孩子規矩和知識）
一邊又要擔心專心拚事業的老公能不能按時供養家計
這是個多重身分的角色
既要是教官也要是老師
不能不管帳同時須打掃
陪丈夫應酬並孝敬公婆
總稱是人妻再加上母親
那麼多身分每一個都用盡心力體力愛力毅力耐力
誰還能忍心要她們參加追逐偉大的競賽
偉大　聽起來像是要挑戰極限
但母愛真的要適時休息
最好的方式就是幫她們卸下重擔

帶孩子　打掃家　做飯洗衣都不必然是母親的責任
尊重她的選擇
這世界該容得下專長不同的母親
最負責的是幫家裡的每個人找出最好的生活規畫
誰比較會做菜誰較會賺錢誰較會帶孩子
找專家會讓事做得更好
不必事事親力親為

不然　她們都會反彈
在某些沉默裡
在某些咆哮中
在某些過度壓抑又過度沉重的時刻
她們不知不覺會怕失衡而抓得更緊
一手抓著愛
一手抓著孩子
慌慌張張走在心靈的鋼索上

這個時候你還期望她身心平衡嗎
那些受到暴力的母親
那些扛起家計及老公債務的母親
那些婆媳關係搞不定的母親
那些拿不出辦法對抗丈夫外遇的母親
那些本身有外遇的母親
那些還要照顧重病的公婆的母親
那些為孩子學業下海的母親

那些在大富家族你爭我奪的母親

那些……在新時代與舊時代交界的母親

她們隨時都可能做出可怕又危險的情緒反彈

她們可能會拿對孩子溺愛的自私想法來愛孩子

她們有些甚至會眼睜睜看同居人性侵自己的孩子

她們真的良莠不齊甚至很多人個性很不成熟

她們都是昨天的孩子

沒人教過她們該怎麼當母親

妳怎麼看「母愛真可怕」這句話

生氣嗎

有意思嗎

笑了嗎

說對了嗎

難道所有的媽媽都是完人嗎

還是我們對母親就如同我們對神像膜拜一樣

恐懼挾雜著尊敬　不滿伴隨著期望

念著似懂非懂的經文

糊糊塗塗許願了一生

音量

人為什麼會吼呢　因為情緒滿出來了

對於很多母親來說
吼
她們幾乎天天向孩子吼著過日子

人為什麼會吼呢
因為情緒滿出來了
因為沒想到適當的方法
因為有理說不清
因為不肯放棄對對方的期望
因為彼此沒真的了解對方的需求
因為他們之間忽略了讓對方理解你意思的重要性

讓孩子如母親的期盼學會規矩
這是個專業的功課
妳若只用蠻力和簡單的指令
那就不需要教育專家了
想想以妳現職母親的年紀
妳的婆婆硬要把她那時代對待孩子的方法告誡妳

妳會怎麼反應呢
更何況妳的孩子連語言都還不夠熟練
他怎麼跟妳溝通
不要以為妳的孩子懂得比妳少
他們都是用最純的感覺來反射情緒
妳呢　有可能是以傳統或社會期待的標準做基礎
不見得適用孩子的未來

妳可以想想這輩子誰跟妳用吼的方式溝通過
那種溝通妳當時的焦點會放在哪裡
有好的結果嗎
還是有其他負面的後遺症
有人說對孩子嚴厲的管教是有必要的
但我要提醒媽媽們
大多數人在情緒那麼高漲時
還能掌握道理最後並讓孩子學會道理不致嚴重摩擦的有
多少人
孩子屈服不表示他接受了
我們何苦為了教會他吃飯不亂跑卻給他留下妳情緒管理
失調的壞印象

有時候伴隨怒吼而來的還會有意想不到的肢體暴力
隨手拿起衣架
用力捏起耳朵
當著廣大群眾

那怒火絕對值得同情
因為孩子的浮躁真的會讓媽媽情緒難以控制
但難以控制這件事可以因這理由而忽略嗎
妳可知這吼會出習慣變成長期的態度嗎
妳可知在這麼不理智的狀況下妳會做出什麼傷害嗎
把不相干的事拿進來一起罵
讓孩子只感受到妳是個東扯西扯的暴君
最可怕的是模糊了原先在意的主題
並且衍生出新的恩怨

急躁
也許是主因
媽媽急著讓孩子步上軌道
急著想擺平所有成長的問題
有個五歲的孩子老是分不清楚左右對稱的圖案
甚至不會數數
媽媽教到沒耐性
逼的打的罵的恐嚇的
幾個月後經由一位醫生朋友提醒
才知道孩子患了學習障礙

妳若是這母親妳不會懊悔嗎
讓一個孩子去承受這不知怎麼回應的怒吼的委屈
我們必須承認
讓媽媽普遍去承擔孩子的全面教育是全民的錯

所以　當一位母親天天忍不住要怒吼
請大家注意
她可能會因此生病
不管在生理或心理
瞬間激發的怒氣是最容易致癌和高血壓

把音量調整一下
真要天天吼
就表示妳的方法有了問題
該換個觀點了
不然　妳就是在為下個可怕的衝突做鋪墊
很快叛逆的風暴就會向妳席捲而來

MOM
04

複印

妳可以提醒我　不要規定我　讓我試著決定我的人生

如果我不允許妳
複印妳的人生在我的人生
妳做得到嗎
或許妳並不意識到妳在複印
就像妳從不知道妳在我面前辱罵爸爸時
就是在複印
要我跟妳一樣憤恨

沒錯
爸爸在很多時候讓人失望
但妳在我面前這樣說他
我的心會起毛球的
捲捲的
焦慮
矛盾

在很小的時候
我真的照單全收

妳還帶著我去抓姦
妳要我抓著爸爸
好讓妳全力毆打那女人
那時爸爸斥喝我
要我離開現場
但我沒有
我那時覺得媽媽很可憐

上了高中
爸爸和妳離婚
妳要我選擇跟誰過生活
我對於妳那時問我的口氣感到受傷
妳最後說：妳如果想和他一起住　我也沒意見
也許那時妳太難受了
妳完全忽略那時妳該給我的安慰
妳的語意不但沒給我其他選擇
甚至像是恐嚇

想想往後
我可能要和一個長期在感情陰影無法釋懷的媽媽生活
我更想搬出去一個人住
我真的很想跟妳說
妳可不可以健康一點
難道遇到一個讓妳不滿意的男人
就連離開的能力和勇氣都沒有嗎

妳很不快樂

妳總是強勢

妳毫不思考複印了前人強加在妳身上的期望

妳其實是沒有妳自己的期望

不然妳不會把這個家當作是妳的全部

把我和爸爸變成妳的全部

這是不對的

當爸爸離開了妳以後

我不就成了妳的唯一

我的壓力來自妳對我的全心全意

我沒辦法反駁

妳對我的付出和愛讓我沒法說

妳知道我不可能完全照妳想像中長大

所以　別盯著我

妳該知道我說的意思

我二十二歲了

我們要不要調整一下相處模式呢

忘記過去所有恩怨

把我當成朋友

妳可以提醒我　不要規定我

讓我試著決定我的人生

妳是怕我犯錯嗎

還是妳從不信任我做得到
走一條妳意想不到的路
一直是我的希望
我一定要從妳的錯誤找出問題的根源
不然我勢必會跟妳一樣
不懂得愛跟壓力有時是同樣的包裝

超級比一比

比賽的另一個特色　就是容易上癮
它其實就是賭博　讓妳越來越在乎勝利

不要告訴我妳教育孩子時沒有和其他孩子比較的心態
這個競賽由不得妳逃避的原因是
我們的教育我們的社會都是透過母親的手來行比賽之實

打從確定懷了孩子那天起
就開始比了
去找哪個名醫產檢
越來越多的豪華月子中心成立
那句令人印象深刻的廣告詞：別讓你的孩子輸在起跑點
於是孩子才剛出生沒有多久就買了鋼琴
希望他德智體群平衡就幫他安排了美儀課美術課柔道課
游泳課
學校的週考月考臨時考
怕他上學途中被綁架所以沒讓他單獨出過門
這些看似精心為孩子設計的花錢培育計畫
其實都是比賽的道具
因為大多數的媽媽都不知道學這些對孩子的幫助在哪
她們甚至搞不清楚教師的教學內容和實力

只要現在是主流的課程　傳統應有的配備
這些媽媽就像孩子一樣接受填鴨式的催眠
成為孩子參賽的推手

比賽並非壞事
但很多壞事會利用比賽來使壞
像很多名單早有內定的選秀比賽
為了圖利廠商進校園宣傳的演講比賽
學校老師和老師間的評比比賽
媽媽們交談間的互相探問和炫耀比賽的分數
這些另有所圖的比賽
孩子都只是她們的一顆棋
沒人在乎比賽的公平和孩子的感受及可能的壞影響
媽媽們只要聽到冠冕堂皇的比賽名稱
就立即配合展開孩子的魔鬼訓練
比如「談忠論孝」的作文比賽
這種比賽都是官僚人士喜愛的題目
妳想想這題目對一個孩子會不會太大了
連大人都不知如何闡述
妳又如何讓孩子真心來談
於是就出現了媽媽打手
很多孩子的表現其實都是媽媽的傑作
這些媽媽也是遵循前人好成績的得獎作品
刪刪改改舊瓶裝新酒
只要保留那些酸臭又好賣的主題

加上時髦的語法和時事
就是一篇讓孩子迅速死背上戰場奪魁的樣板作品

比賽的另一個特色
就是容易上癮
它其實就是賭博
讓妳越來越在乎勝利
有一位國小六年期間都是第二名的孩子
長期受到媽媽的責罵
因為再往前進一步就是第一名了
想想這孩子的感受
想想這媽媽的可惡
這可不是什麼難得一見的特例
類似的故事誰敢說是少數
即使這孩子到了成年
媽媽還可能戒不掉這個癮
要他找最好的工作
要他找如媽媽所願的對象
這個如願這個最好對一個成年人就是不信任和過度介入
我說過了
這就是癮

教育最壞的示範
就是給一個人的成長設限
最虛偽的地方

在於只是追逐名次不求實質發展
身為執行者兼決定者的母親也深受痛苦
她們就像一國的總統
大大小小不論她懂或不懂都要幫孩子做選擇並長期監工
任勞任怨還要受孩子或丈夫或任何人的反彈與議論
這樣的折磨會讓她更堅持己見
這樣的任務會讓她放棄和孩子溫柔的相處
好像人生就是一場無止盡的比賽
好像和孩子交朋友沒有比讓他得第一更重要
好像全天下的母親都上了比賽跑道所以不能缺席
一切比賽
她才是真正志願的參賽者
得獎時喜極而泣的唯一也是她
因為這一切真的都是她最辛苦

爆料

爆料最壞的地方在於很像背叛
它會侵蝕人和人之間最親密的關係

有位臺灣女藝人出了一本書
內容提到她從小受媽媽重男輕女的傷害事件
媽媽因此出來跟媒體爆料
說她女兒曾下海陪酒過

不管這女兒說的話是真是假
這媽媽的爆料真讓人怵目驚心
原來母親也可以扮演狗仔隊的角色
這真是個新發現

生活中
很多媽媽都爆過孩子的料
比如以開玩笑的口吻跟鄰居的媽媽爆料孩子的生活習慣
比如以比較的心態去跟同學的媽媽爆料孩子有多麼努力
比如在客人來家訪的餐桌上大談女兒的交友情況
比如跟親戚過年聚會時秀出兒子不想給人聽的音樂
不尊重隱私
打開孩子臥室的抽屜

這些舉動都在暗示妳的孩子可以做這些事
妳可以因妳老公愛妳而讓他在他朋友前說
妳卸了妝很可怕嗎
媽媽因從小長期陪孩子長大
幫他整理房間各個角落都要打點
難免就會養成穿梭他生活各個空間的習慣
但我要提醒妳
越早注意尊重孩子的隱私越會得到孩子的至高尊重
因為尊重會讓人備受尊榮之感

爆料的背後心態是什麼呢
有時是本身的性格
有時是不知道尊重別人的隱私
有時是想討好別人
有時是嘴巴不緊
有時是為了某些利益
有時是為了傷害人
有時純屬無心
但不管是為了什麼
即使是媽媽都沒有這種權利

爆料最壞的地方在於很像背叛
它會侵蝕人和人之間最親密的關係
有時候還會造成令人扼腕的事件
美國就有過一個新聞

一位媽媽去學校當著同學的面
辱罵和她女兒談戀愛的男同學
並把他們發生的性關係詳細描述
結果這女兒當晚就自殺了

不是每個媽媽都這麼惡劣和無知
但若不知尊重孩子的隱私就可能釀大禍
真正的關心
尤其是在緊張的時刻
把孩子當大人對待
孩子才能聽得進妳的道理並尊重妳

繼母

她在心裡用力的對著螢幕說：白雪公主，不要吃！

從小她就對繼母深惡痛絕
這跟她看了白雪公主的電影有關
她特別記住繼母扮成巫婆去找白雪公主的那一幕
當繼母從衣袖拿出毒蘋果的時候
她在心裡用力的對著螢幕說：白雪公主，不要吃！

到了十歲
媽媽和爸爸離婚後
她被分到爸爸這一邊
媽媽在搬出家前跟她說：我們沒有分開，我永遠愛妳。
但媽媽是個騙子
從那天起她就跟弟弟再嫁到英國了
她沒再想過媽媽
她猜媽媽可能嫁給了一個性變態
把媽媽長期鎖在地下室
所以沒法打一通電話給她
至於那無從辨識愛還在不在的承諾
一直到爸爸娶了個繼母回家

她才停止了這個怨恨

繼母很年輕也有個孩子
她一聽就感到威脅
誰不會比較偏愛自己的孩子呢
尤其這個孩子還是個男孩
而且有唐氏症

由於爸爸和繼母都是上班族
寒暑假常常是她和小她一歲的「弟弟」處在一起
這個弟弟很好動老愛拿她的東西
不過有一個很大的優點
不管她怎麼欺侮他
他都不會告狀
她甚至會跟他說：「我告訴你一個秘密，媽媽會殺人，
每次她拿刀的時候，她就可能會殺人。」
從此弟弟不敢再進廚房
他連媽媽切的蘋果都不敢吃

其實繼母是個非常忙的人
繼母比較像家中的爸爸
她是爸爸的主管而且幾乎天天都比爸爸晚下班
所以她們家都是爸爸在做家事
煮飯洗衣都由爸爸掌管
也因此她就更認定繼母是個壞人

她有一天會把全家人都害死的

說到她跟繼母的關係
她在第一時間就喊了她媽了
雖然她極度反感
但她也發現自己在那麼小的時候就很會耍心機
一面討好著繼母
一面陷害著弟弟
她的計謀是
她要奪回這個家的主導權
她甚至看不起爸爸的懦弱
怎會連續被兩個女人騎在他頭上而不知掙脫

成年後
不知道是不是對爸爸的鄙視轉而對男性的惡感
她的感情伴侶一直是女性
有次爸爸發現她和某一女性的電子信
爸爸很小心的和她懇談
企圖用他那彆扭的勸退方式
要導正她的性傾向
她反感到跟她爸爸說：「你管好你的女人就好，不要再
讓你的女人跑掉了！」

僵硬的氣氛從此住進了這個家
繼母因職務升遷而更忙碌了

她每個月有一半時間在上海
她相信爸爸一定會跟繼母說這件事
只不過繼母當作沒一回事
可妙的是
闊別十多年的親母回到臺灣了
她又離婚了
帶著親弟弟回來臺北定居
爸爸說大家趁機聚一聚
而且繼母也會出席

她拒絕出席

爸爸讓繼母來跟她溝通
繼母第一句話就說：「如果不想去，就別去。」
她愣了一下
繼母說了她的理由

繼母也有一個女兒在她前夫那裡
多年來她沒跟她女兒見一次面打半通電話
她怕女兒跟她一聯繫上會更想念她
女兒會有後媽
她不想造成她們之間的矛盾
寧願女兒恨她
從此忘了她
說著說著她第一次看到繼母掉眼淚

眼淚像上游的河水也流進了她的眼眶
原來自己的媽媽有可能也有這樣的一面

繼母最後說
她很後悔這麼做
畢竟這個世界沒教這樣的媽媽該怎麼做才是對
她只能用母親最愚蠢的愛的思維拿捏
以為對孩子好就這麼做
沒進一步確認孩子的意願

經過了十年
她們終於敞開心扉說出心裡的話
腦海中那位巫婆繼母終於從舞臺上下來
一切都是戲在作祟
她決定要出席了
並跟繼母說：
「媽，我陪妳去看妳女兒，我想告訴她，我是她的姐
妹。」

讚美

讚美分兩種　一種是媽媽跟孩子說的　一種是媽媽跟別人說的

一個只會讚美孩子的母親
絕對比瘋狂的歌迷來得讓人膽顫心驚
因為孩子會信以為真而歌手不會

讚美分兩種
一種是媽媽跟孩子說的
一種是媽媽跟別人說的
但不管是哪一種
要先懂得讚美對一個孩子的影響跟大人是不同的

孩子會分不清真偽
孩子會不知道深淺
孩子會上癮
他會比別人更不能適應批評
像鉛筆盒裡養的純白蠶寶寶
小小螞蟻就可以咬死牠
因為這位媽媽幫他造了個虛假世界

就算是大人
很多都是愛聽好話到不可思議的地步
很多政治人物和大老闆甚至是一國之君
不管事業專業多有成就
一旦有愛聽人吹捧的個性
說有多幼稚就有多幼稚
孩子生活在這種思維裡
算是重度傷害

傷在哪兒呢
他大半的實話沒法聽
而且也見不得會分辨
這樣的人交不到深刻和真心的朋友
讓人一下就抓到他的弱點
最重要的是他不會獲得人家的尊重
這樣的個性大半抗壓性很低
這樣的人在一生中
怎堪那些無情向他吹打而來的狂風暴雨

這些媽媽有一個特點
做人很表面
她普遍待人待物都不公平
私心重
讚美別人的孩子時最假
跟別人讚美自己的孩子總是誇大其辭沒一句公道

這是一種病態

她也不是事事都順著孩子
脾氣波動特大
她一下子要凍結他三天的零用錢
一下子又跟他求爺爺告奶奶的求他去補習
她就是因為喪失全部理性才這麼狼狽
狼狽到不知道這樣會害死孩子

看到這樣的媽媽
會替這孩子擔心
因為這媽媽都在教她的孩子很錯誤的觀念
這就好比教這孩子紅燈過馬路
讓孩子活在跟別人標準不一樣的世界裡

跟別人讚美自己的孩子
偶爾還行
如果是常常
這不是很二百五嗎
這個時代誰還敢明目這樣做呢
不知會被人家笑嗎
不知是過時又危險的舉動嗎

快跑追公車

唉　母愛就是那麼揪著兒女心　那種被恩惠攀著的情緒

媽媽一手抱著兩歲的弟弟
一手拍著公車的屁股
大約五歲的弟弟和九歲的姐姐一路跟著跑
因為媽媽是突然發出號令的
公車緩緩起動了
應該沒意識到這位媽媽的拍打
但媽媽沒放棄
依然危險的追趕
一直到……沒追上
這時媽媽把氣全出在女兒身上
她大聲咆哮：「妳跑那麼慢要死喔！」
說完當眾賞了女兒一巴掌

看到這畫面
我當場傻住

我毫不遲疑走過去跟這媽媽說：「妳算是什麼媽媽啊？
妳不知道這樣追公車多危險嗎？妳不小心跌倒，妳手上

的小孩會沒命的。那麼多車，妳是在做什麼身教啊？妳
自己都追不上了，妳還怪妳小孩？還是妳在怪妳女兒該
追上公車嗎？」
媽媽被我講得無話可說
這時被摑了一巴掌的女兒滿臉脹紅
她無聲的哭著
我跟她說妳沒錯
是妳媽媽該跟妳對不起
媽媽應該不是有意的

女兒回了我
不要這樣講媽媽

唉　母愛就是那麼揪著兒女心
那種被恩惠攀著的情緒
讓人無法分清和獨立看待
從此她有可能任由母愛壓制著心裡不敢聲張的不平
一直到爆裂溢出
但這何嘗不也同時在鼓勵著媽媽這麼做
所以這樣的事情還會持續發生

繁忙的車陣吃力的前進著
不知道是什麼原因
讓大家都堵在路上
也許是愛吧

讓彼此某種心情不捨鬆開

某種時刻又極力想放下

矛盾　恩情　自我　命令　模仿

我看著這女孩

就想起這世界有多少百萬倍的孩子

完全不懂該怎麼處理這麼衝擊這麼壓抑這麼瞬間的反應

怎麼反應啊

那麼小的心靈

要她立即選擇該不該把母愛放在唯一選項

那些傷害最好立刻漠視

旁人眼光帶來的羞恥自己打包

這樣的虐待要這女孩去收拾

我越想越不對

我說：「大人也常常犯錯，大多時候都沒辦法跟自己的孩子認錯，不過妳今天的表現很好，相信妳媽媽也看在心裡了！」

媽媽和媽媽的媽媽

中國人最假的地方就是想把自己的命運跟別人綁在一起
但又不承認

她們住在一個屋簷下
也共同愛兩個男人
一個是她們的孩子和丈夫
一個是她們的丈夫跟孫子
有聽明白嗎
是的　她們是婆媳關係

媳婦白天和老公一起出門上班
所以唯一的男孩就由婆婆照顧
每個媳婦把孩子交給婆婆帶時
都是持保留態度的
因為她有多方顧慮
怕婆婆帶孩子不夠衛生、觀念過時、溺愛、兩套標
準……
但為了節省開銷
也只能走一步算一步

這位婆婆並非惡婆婆

她從前也是人家的媳婦
所以深諳做個婆婆沒有分寸會製造問題
她努力和媳婦溝通
想知道媳婦教育孩子不能侵犯的底線
比如不要用口把孩子要吃的飯吹涼
比如不要讓孩子吃冰和垃圾食物
她知道這時代的育兒經已和從前不同
不跟上可能連她的兒子都不會站在她這邊

兩個女人因為兩個男人而小心翼翼的相處著
她們對彼此的不信任都是聽來的
好像所有女人對已婚男人的不信任一樣
總覺得男人婚後一定會外遇
不信任加上用力的愛
她們思想上的差異　壓抑的情緒　暗中的較勁　虛偽的
客氣
都會一點一滴儲存大量的鴻溝
弄到最後恩情和抱怨分不清
對於大的那個男人可能是左右為難
但對於那個小的會有意想不到的傷害
他至少會感受到她們的不合
會習慣在兩個不同的標準下發現沒有標準
會知道大人的表面和內心有兩套嘴臉

終於來到發生事情的這一天

孩子賴著不起床

媽媽挾著昨晚特別的叮嚀一起把怒火燒起

「你要睡飽，你就要早睡啊，你昨天為何要弄到三更半夜。」

「我只是要睡兩分鐘，妳把罵我的時間讓我睡不就好了嗎？」

婆婆過來輕聲說：「你不要再頂嘴了，快起來！」

「婆婆，我不要媽媽管。」

這一顆核子彈在這時引爆絕非小可

媽媽離開家前也撂下狠話：「那我走！」

她說這話是跟老公說的

但聽在家中的每個人的耳裡卻各個不同

老公心想是一時的氣話

上小一的孩子則哭到不敢出聲了

她知道自己闖禍了

婆婆則暗地不滿她的語氣和暗指

難道是要攤牌對幹了嗎

這次的衝突不會是唯一的一次

當天晚上他們就當沒發生什麼事一樣

又回到了餐桌上

很多家庭的情緒慢性病就是在各自隱忍下累成症狀

從爭論到爆發
從爆發到冷戰
從冷戰到陌生
像地球的溫室效應般
明明知道什麼都不對勁了
卻又無能為力

有一天婆婆找來兒子商討事情
她想搬到養老院去
兒子一聽以為又發生了什麼事
她說她也是無法跟婆婆住在一起的那種媳婦
可是在她們那個年代的女人又怎麼做自己
母子兩人談話到最後只剩嘆息

或許不要住在一起是解謎之答案
兒子也明白孩子會說我不要媽管可能代表了什麼
中國人最假的地方就是想把自己的命運跟別人綁在一起
但又不承認

搬去養老院那天
這一家人都刻意製造歡樂氣氛
兒子在前一天就去布置
滿屋子的彩色氣球　孫子畫的畫貼在牆上
媳婦做了菜並邀了養老院和婆婆鄰房的新鄰居同歡
以後她們約好每週末聚餐

所幸婆婆已學會線上影音通話
每天她還是可以和孫子保持見面
全新的生活全家都要適應

大野狼

就算這世上只有一個孩子受害　我都要出來指控這個野狼和
媽媽

「家裡有一隻大野狼
　他身上有鑰匙
　所以不必編什麼假故事就能進門了
　他還跟我們一起吃飯
　還和我們出門去逛街
　大家都覺得我們是和樂的幸福家庭

　不一定是在晚上
　白天　大野狼也會伸出他的魔爪
　要我別出聲
　他說媽媽都知道
　要我乖乖的
　讓他抱一抱
　他說他不會吃掉我
　我們都是一家人

　媽媽　他真的是家人嗎
　媽媽　妳怎麼都不回答

媽媽自從離開了爸爸
就迎了大野狼回家

媽媽　妳真的不知道嗎
妳知不知道對我很重要妳知道嗎
妳的壓力跟我一樣大嗎
我們一起努力好嗎？」

這樣的故事我們常在新聞裡發現
怎麼去傳達孩子的傷痛
說太多好像又會傷害到母親的名聲
但不管是怎樣看待
就算這世上只有一個孩子受害
我都要出來指控這個野狼和媽媽

更何況那些沒被揭露的孩子有多少
真的難以估計

無知

想把母愛歸類成偉大　我想是為了請大家都注意母親的辛勞

之前臺灣發生了件令人心痛的新聞事件

一位喝醉的父親和正在麵攤上工作的母親起爭執

兩人針鋒相對越吵越烈

父親突然抱起兩歲的女兒說：「妳再說，我就把小孩丟下去！」

旁邊放著一桶煮麵的湯鍋，裡頭裝著冒著滾燙熱氣的湯

「你丟啊，我就是看扁你不敢丟！」母親不信她老公那麼有種

然後悲劇發生了

父親真的把孩子丟進去了

新聞報導指出，孩子全身百分之九十重度燙傷

處理急救的護士含著淚說：「我真的很難過，她全身的皮全被燒掉了！」

幾天後，當全臺灣都在一起為她祈禱時，她去世了

停止了慘無人道的肉體折磨

停止了和這一對無知的父母繼續生活下去

父親酒醒後將面對無盡的悔恨

母親也難逃自我的譴責
無知最大的危險在於他們的知識太有限
無法以常識來預知危險
孩子跟這種人成長
比把孩子交給孩子還要糟糕

不會開車卻上了高速公路開車
他一旦不懂這是犯法
很可能送掉別人和自己的生命
這就是無知
他們不是不愛小孩
據鄰居說他們平日很疼小孩
可見無知就是會讓人失去智力
完全想不到後果
也掌控不了後果
這很容易理解的「知」是被失控的情緒所蒙蔽
蒙蔽了對人最基本的清醒

人會因為沒受教育或沒被提醒而無知
有時也會因可怕的習俗或制度而長期無知
後者是因為被錯誤的觀念綁架
比如我們的社會只能接受「母愛真偉大」
而不能接受「母愛真可怕」的話
那就表示把母愛定義是偉大
就不可有人去找出母愛真可怕的地方

媽媽們大都是平凡人
偉大跟可怕都是少數
她們之所以能為孩子投入滿滿的關注和時間
可能是因為她們的母性和社會對她們的期許
跟偉大和可怕沒什麼關係

想把母愛歸類成偉大
我想是為了請大家都注意母親的辛勞
但有人提母愛真可怕時
為何就不能想可能是要大家也注意有些母親是不及格的

不提出這些可怕處
就如同漠視孩子的危險處境

那些會氣到用衣架把孩子活活打死的父母親
那些為了讓孩子乖乖睡覺而在牛奶放安眠藥的父母親
那些帶著孩子偷竊的父母親
那些要孩子在家門外罰跪的父母親
那些會賞孩子巴掌的父母親
那些把孩子丟在家裡失蹤數月的父母親……
這些可怕的父母難道大家都沒耳聞嗎
還是大家覺得數量還不夠多
所以不能貼上母愛真可怕的標籤
那為何能說母愛真偉大
我不禁要想

這偉大還真說得臉不紅氣不悶呢

唉
這種只能歌頌不能批評的觀念
絕對是另一種更可怕的無知

不要輸在起跑點

孩子都還沒學上什麼就要推他上比賽場
這是大人在比還是孩子在比

電視廣告明星一派輕鬆坐在客廳沙發
她的背後孩子正在彈琴
她說：「不要讓孩子輸在起跑點！」
這是一家鋼琴教室的廣告
廣告拍攝得毫無創意
但廣告詞卻讓很多媽媽怵目驚心
她們真的怕孩子會輸在起跑點上
並被誤導為會輸是因為輸在起跑點上

這廣告詞有強烈警告作用
好像暗示妳再不立即行動
妳的孩子可能就永遠落後了
就再也不得翻身了
妳就是妳孩子的罪人了

孩子都還沒學上什麼
就要推他上比賽場
這是大人在比還是孩子在比

拿起跑點來綁住孩子的學習
輸贏就在所難免
好像早一天買了鋼琴上了鋼琴課就搶得先機完成爭奪
好像最重要的不是過程也非結果而是興致勃勃的開始
沒想過這勝利對孩子的意義
沒明白這比賽項目究竟為何
閃電報名
追趕進度
無視孩子的感受與意願

這句廣告詞的魔力
在於它緊緊抓住父母愛競爭的心態
輸在起跑點
又會怎樣呢
大器晚成的人沒聽過嗎
小時了了大未必佳的故事多得很
沒有累積足夠的失敗經驗
成功很容易泡沫化

很多父母對孩子的教育都是跟著廣告指令行動的
一下子學琴　一下子練武
一下子遊學　一下子上百萬小學堂
把知識當商品
將分數變獎金

一切以利益為導向
難怪這些商人能大發利市

一個月吃一瓶來路不明的藥以為就能增高
繳了上萬元補習費購買天才的記憶法
看到別的父母有了新的偏方
心裡立刻燃起競爭的欲望
試想一株幼苗
每天被灌溉各種養分
而這個灌溉者無法分辨這些養分有毒沒毒

龜兔賽跑的故事就告訴我們
輸在起跑點不一定會輸
兔子之所以落敗
在於牠以為開始領先就可翹著二郎腿睡覺

她說很多被人飼養的動物跟我們很像

該不該餵飽

需不需要散步

想不想談心

其實都不能期盼

母子心

媽媽這次的回答很妙：他給你錢，你至少要聽他的話啊！

他一週補十個習
跆拳道　繪畫　鋼琴　數學　英文
心算　讀經課　作文　游泳　儀態課
那時他才小學六年級

這些補習都是他那個性非常嚴謹的爸爸設想的
他跟媽媽抱怨
媽媽總是回說：你以後就會知道這樣做的好處！

十年過去
他們這家幾乎天天大吵大鬧
都是為了孩子的功課和作息
比如為了多打五分鐘的網路遊戲而爭吵
比如為了不想補習而蹺課
甚至還鬧到警局　在家互打
孩子大學了
做爸爸眼看著自己的體力身形都弱勢了
已不再嘴上吵

但態度還是強硬的
這可從給他的零用錢動手腳

他又去跟媽媽理論
媽媽這次的回答很妙：他給你錢，你至少要聽他的話啊！
怎會？聽話是因為給錢？
他沒法跟這家人溝通了
他跟媽媽說他不再拿零用錢

和以前補那麼多的習比較
現在聽到媽媽的回答反而覺得那不算什麼了
因為他看不到這個家庭的理性反應
他們的價值觀出了問題
爸爸將他的期望變成補習嚴厲來執行
媽媽則是毫不懷疑照單全收隨便給個理由
他絕望
是因為媽媽像個假人
她從沒聽進他的感受
她只是爸爸的傳令

從此
他就沒住在家裡了
再搬回家裡
又是十年後
那年他爸爸過世

他搬回家陪媽媽住

他發現媽媽其實不愛講話
兩人住同個屋簷下
可以一週一句話都不講
她從不過問他的事
吃飯時也只敲敲他的房門
飯桌上兩人安靜的看著電視
沒什麼好說的

有天他就在想
以前她對他說的話
有可能都是幫爸爸在執行命令
現在爸爸不在了
她也就沒什麼可說的
想到這裡
他再沉不住氣
衝到客廳質問媽媽
媽媽驚訝的看著他說：我說的話，有人要聽嗎？

媽媽終於說話了
終於以她的身分說話了
他替她高興到上前去抱住她
媽媽一臉茫然
但母子的心終於碰在一塊

母愛是⋯⋯

母愛來自昨天的女孩　母愛需要更新

母愛是黑夜的明月

母愛是包容與給予

母愛是不住流動的河水

母愛是生命的乳汁

母愛可能是帶著私心的維護

母愛也可能給非親生的孩子

母愛有很多人的期待

母愛並非不求回報

母愛不是所有母親都能生產

母愛總是高高在上

母愛看似溫婉但個性強硬

母愛有很多無奈

母愛骨子裡都想苦盡甘來

母愛管得太多　多到停不下來

母愛建立了孩子的依賴

母愛需要瘦身多些輕鬆愉快

母愛該量力而為

母愛非萬能

母愛在不同的時代出現很不一樣的楷模

母愛有些很變態

母愛孕育著下一代的色彩

母愛激發人最原始的孤單

母愛堅可攻心

母愛瞬間能崩盤

母愛是一首老歌

母愛是人類最底層的良知

母愛打破各種理性的城牆

母愛裡有很難控制的嫉妒

母愛有時傻得可愛有時驢得可恨

母愛來自昨天的女孩

母愛需要更新

母愛最不需要就是加強

母愛再多可能就變壞

母愛不必因長期受苦而偉大

母愛要更好就要靠知識

母愛不是阿信　阿信是比較命苦的一種

母愛的歷史是從壓力皇后到快樂平民的過程

母愛是生命初始的搖籃

母愛是謝幕溫暖的掌聲

重男輕女

MOM
16

她們最常忘記自己也是個女人　是昨日那個被不平等對待的女孩

為何會重男輕女
說穿了　就是社會價值已凌駕親情之上
就是把兒子當成了門面將女兒當成贗品
就是不懂得最基本的愛就是對人要公平
有以上特質的愛都會是災難

當女人被灌輸嫁為人婦後不生兒子會沒地位
這女人就有可能昧著良心重男輕女
當女人想起小時候被親生母親重男輕女過時
這女人更會知道該怎麼去重男輕女
會讓這些母親違背母親的天性去扭曲母愛
都是因為封建時代的餘毒餵食了她們
她們怕了
她們屈服了
即使在這個時代
她們仍為數不少的隱藏在我們的社會裡
但不會那麼張揚了
因為這些母親對於殘酷的現實比誰都敏感

她們最懂得不和現實衝撞

作為她們的子女
最可怕是在於她們有兩套標準
就像教育部在學校分了資優班和放牛班一樣惡劣
放牛班擺明了就是被放棄的一群
而且還是貼了標籤上了公告的
那些資優班雖表面風光
但課業沉重到非人能承受的壓力也沒好到哪裡
被百分百的期待著關注著孕育著
有時也會讓人無法呼吸
過與不及
冰與火的對照
這樣的母親若同時有兒子和女兒
她就有可能是以下真人真事的一項實例

有位母親就曾在她女兒快上大學時跟她女兒說：
「家裡有兩棟房子，一棟是給妳哥哥的，一棟是給妳哥哥
的兒子，妳要房子要自己想辦法！」
有位中國前十大企業老闆就曾在我面前對她的三女一男
的孩子們說：
「我的財產會給女兒一人一億，其餘都是給我兒子。」
她們為何敢說這樣的話
她們難道不知這樣的想法已過時而且會讓人看不起嗎
是的　她們應該知道

但她們有時會隱藏不住把持不了
像毒蟲犯了毒癮般
就把心裡的真話脫出了口
因為不說她們會難受
之前不說是不必要這麼早說
女兒的感受才不是她在意的

她對女兒　如果她有女兒
她根本不在乎女兒會不會受傷及不平
在心底的最深層
她們就認定女兒和兒子是不同層級的
女兒就是賠錢貨
女兒是幫別人養的
女兒只要找個門當戶對的人嫁了就行
女兒不必博學多聞只要懂得持家和掌握老公
她們對男女不該平等的理由是：
「傳統不就告訴我們要這樣嗎？」
這樣的媽媽常有軍人般的固執　官員般的官腔
她們最常忘記自己也是個女人
是昨日那個被不平等對待的女孩

這樣的偏頗
對兒子也不會是好事
她除了在家製造孩子間的分裂
也給了這個兒子很多負面的影響

抗壓性低　不懂珍惜　無憂患意識　無獨立感
一旦出現危機
這孩子最會怪東怪西
等到孩子成年了
災難會繼續延伸
因為這位媽媽到死都會介入他的生活

你可以想像一個女兒在這樣的家庭
面對自己的母親卻充滿矛盾不被認可的痛苦嗎
而這痛苦可能在她幼年就發生了
這糾結如同被最親的人背叛

不忍心責怪這樣的媽媽的原因來自於
她們是被環境挾持的人
加害她們的也是她們的親人
她們之所以會頑固不醒
主要還是她們都是太守規則的人
時代不能不進步
這麼深的傷害不能不阻止
媽媽　可不是外人
就像面對自己的孩子
不能給予正面的回應
一意孤行的下場就會變成放棄對母愛的尊重

媽媽，不能二十四小時不打烊

不眠不休的那種累一旦不累　是怎樣的情緒轉移呢

媽媽下班的好處你想過嗎

有人說：

讓她躺在沙發上看電視，不再對我囉唆，就是好處！

這孩子講的有他的道理

囉唆是很費心力和體力的

又有人說：《紅樓夢》裡王夫人教訓晴雯時說的話：「我身子雖不大來，我的心耳神意時時都在這裡。」那絕對是二十四小時當四十八小時用，而且永遠不打烊的！想想還挺可怕的，古代《竊聽風雲》啊⋯⋯賈寶玉那麼不快樂，絕對與被關注、被管理過度了有關⋯⋯

怎麼讓媽媽戒掉大量囤積的母愛

可能才是讓她能休息的重點

首先我要提醒媽媽們

沒有適當的休息

母愛就會增加很多灰塵

焦慮的　疲倦的　抱怨的　慣性的　專制的　緊盯的

很多過勞死的人

在死以前會有一種幻覺
就是不知那是一種破表的辛勞
當妳有一個員工
二十四小時心守著公司
身體也獻給公司
沒有假期
沒有讓自己放鬆的休閒活動
沒有感情的滋潤
沒有自我的開發
這生活一旦失衡
這員工就可能像隱藏過多能量而爆發的地震
妳不擔心她會山崩地裂嗎

從時間來看
一週至少有一天媽媽休息日
這一天媽媽不做家事
最好能出門去做自己想做的事
若不知道要做什麼
也可嘗試什麼都不做
告訴自己休息是為走更長的路
很多媽媽在長期被家累拖住後
已不知道自己有一個平衡的人生是給孩子最好的典範
這個休息日的好處
就是可以讓媽媽放鬆並讓家人有一天對媽媽回饋
自己洗自己的衣服　打掃　做菜

體驗媽媽平日服務的感受

最好的愛是互相體諒
但更應該懂得自律
很多媽媽從不休息都是自己不想休息
不是別人逼她不准休息
她放不下心裡的惦記
總是追蹤　總是預設立場　總是忙著擦屁股
不懂不要給過多的愛
不懂不要過度擔心
不懂沒有自己的生活重心就沒立場跟孩子說要自立
自立的前提就是生活要有重心

沒有休息的工作人員是不會有良好的服務品質的
我們眼睜睜看媽媽們墜入騾子拖磨的輪迴
我們也深知改善這問題最大的難處在媽媽本身
這是一場千古以來陳年的惡習
讓女人心甘情願變奴僕的思想延續
只為別人活
美其名叫犧牲叫奉獻
卻不知奴僕的自我期許最後會演變成可怕的反撲
她們因為長期耕耘著家的每項細節和核心基地
所以有人笑說出口最多傭人的菲律賓
可能是這世界最後的掌握者
菲律賓總統只要一聲令下

全世界的菲傭封鎖她所服務的家庭綁架他們的孩子
這叛變就會成功

不要以為妳不是這樣的媽媽
工作不休息的人
我們都知道他們有多瘋狂
那瘋狂通常會脫離很多生活的常軌
但媽媽一旦脫離常軌
會做出什麼樣令人驚奇的事呢
妳想過嗎
妳現在是不是就是這樣的人
容易緊張
情緒起伏很大
不快樂
不溫暖
不眠不休的那種累一旦不累
是怎樣的情緒轉移呢

魔
會有這種力量
像是用麻醉藥來消除痛苦
代價就是麻木了神經
把累消除
就必須把累藏起來
並用更大的累來顯其不累

這更大的累就是偉大化
多少人為了偉大
命都可以不要了
累又算什麼

休息休息休息休息休息休息休息休息休息休息休息休息
休息休息休息休息休息休息休息休息休息休息休息休息
休息休息休息休息休息休息休息休息休息休息休息休息
休息休息休息休息休息休息休息休息休息休息休息休息
如果妳喜歡聽陳腔濫調
休息是為了走更長的路
這話妳可聽過了吧
就算妳不想走路

打烊囉
老闆
妳的孩子半夜不會起來買東西的
假日來臨他們也不希望妳開店的
試著不做生意
試著多點時間過妳想過的生活

木偶

有些媽媽對孩子的操控　終極目標就是要孩子乖乖的

木偶身上有幾條線

當妳操控得越熟練

木偶就能越如妳所願的表演著

不但手腳能靈活運動

它的嘴眼眉都能情緒化的變化

但要注意

妳若想對妳孩子全面操控如操控木偶般

那妳的孩子就有可能變成木偶

再不會自我表達和主宰自我的人生

希望孩子有良好的飲食習慣

於是每次他遇到新的食物時

他都來不及清楚這是什麼食物

妳就急著說：「那很難吃！」

或是說：「不要吃！」

沒有道理說明的恐嚇

這就是強制式的影響

擔心孩子交到壞朋友

總是在孩子還來不及觀察前

就妄自憑直覺把這些孩子簡單歸類好或壞兩種

妳的媽媽若都以她的評斷來決定妳的交友妳服嗎

這種搶先一步的建議

任誰都看的出妳的擔心和控制欲

可是妳不會覺得自己有問題

妳會說：「他還是可以自己決定啊！」

死不承認是不是

那我告訴妳

一個木偶的故事

精靈因看到總是做好事的老木匠如此孤單

就點醒了他自製的木偶

讓老木匠有個可以說話的木偶孩子陪伴

木偶不再被線操控

他舉手

他抬頭

他輕輕碰了一下老木匠的肩

他想著昨晚院子飄下的落葉今晨是怎麼消失不見的

他開始感受開始暖機他是很「新鮮的人」呢

有天他覺得很累就跟老木匠說：

「你幫我把線帶上吧！我每天想我要做什麼，我就頭痛，

我喜歡以前你幫我決定任何事的生活。」
於是老木匠幫他把線接了上去

和一群真的木偶為伍
他也慢慢失去了人的感受
他的眼神越來越空洞
透露出純潔的迷茫

老木匠也喜歡這樣的關係
單純的陪伴
無言的存在

有些媽媽對孩子的操控
終極目標就是要孩子乖乖的
照她的期望行動
按她的私心長大
寧願孩子失去最好的選擇也不肯讓孩子有絲毫冒險
她當然知道一個乖乖牌在現實世界中可能的弱勢
她的道理不是為了孩子
只是為了滿足自己的安全感

操控是人性
不是愛
就如同有些軍隊的教官
會把部隊那一套拿到家來對付家人一樣

這是一種無限上綱的癮

《木偶奇遇記》的故事
鼻子變長是一個賣點
它告訴我們人會因說謊而受罰
同時也提醒大家
真實的人生沒那麼簡單
就算是媽媽用母愛來說謊
鼻子也不一定變長

唯一

不要輕易把背叛掛在嘴上　沒有什麼人是該誰的

「妳是我的唯一！」
不管說這句話的是妳的情人、父母或朋友
都是很動人的
但　真的有那麼動人嗎

什麼是唯一
是專屬嗎
有想過讓這麼專注愛妳的人失去妳會有什麼下場嗎
一個人把照顧另一個人當作是他生命的全部意義
不會有後遺症嗎
當一個人這麼唯一的對妳
開始一定是溫暖又甜蜜的
尤其是對小孩
孩子很容易全盤接受
等到他覺察這唯一的愛變成不能呼吸的壓力時
過往的恩情就會變成讓他閉嘴的矛盾
因為他會發現這唯一的愛不是沒有條件的
而這條件就是不能背叛

唯一
可能是代表妳的生活重心只有他
唯一
可能是代表妳的生命沒有妳自己
唯一
萬一妳失去妳的唯一怎麼辦
唯一
妳不能不經過別人同意就當別人是唯一
那種被別人盯上一輩子的關心
會不會是一種過重的壓力呢

如果妳希望孩子有獨立的能力
妳就不能把他當唯一
如果妳希望孩子能和妳長期保有良好互動
輕鬆並保持想望的距離才是關鍵
如果妳希望孩子喜歡妳
妳就得把他變成偶爾出席的特別來賓
而不是天天出現的主角

不要輕易把背叛掛在嘴上
沒有什麼人是該誰的
沒有什麼感情是該妳的
妳指別人背叛
那是妳先自以為他是妳所有

然後妳再將不該妳的東西拿來責怪別人
這是誰在背叛呢

唯一的危險在於
妳怎會把雞蛋全放在一個籃子裡
也許孩子在小的時候讓妳感到掌控安心
但他大了以後呢
妳的操控已養成習慣
妳所作所為都是為了孩子
妳的空虛寂寞也是為了孩子
妳的茫茫的和想望中的未來也都巴望著孩子
妳的唯一早就暗地成形
妳收集了很多讓他就範的武器
比如要給孩子的動產不動產
比如時時提醒孩子妳為他的龐大付出
比如拿自己的病當威脅
比如過度管制他的交友情況
比如滿二十歲後還是有嚴格的門禁
比如什麼事都要他陪妳去
比如妳介入他的擇偶條件……
這都是「唯一」帶來的連鎖反應

因為失去了唯一　生命就空了

妳會無所不用其極地填補這個空

妳會千辛萬苦拒絕承認這個空
妳對會把孩子占有的人都當成敵人
妳會沒有朋友
妳永遠都不會真的擁有妳的「唯一」

條件

這樣的媽媽一定不知道她造了什麼孽

媽媽住院的時候
也是他快要第一次當爸爸的時候
想起當初跟老婆論及婚嫁的驚險過程
他有種苦盡甘來的感受

老婆的爸爸是軍人
從小到大非常獨裁
老婆的二妹在出社會那年就鬧了革命搬離家
已有三年未回家過年
小妹則因住校而脫離掌握
老婆成了唯一的籠中鳥

剛開始和老婆交往時
他就衝撞這未來的岳父的底線
他老婆已快三十歲了
居然還有門禁
晚間九點就得回家
熱戀中的情侶怎受得了這個框架

他先是在跨年夜午夜十二點後送老婆回家
然後再謊稱公司旅遊帶老婆出國去玩
這兩次違規紀錄讓岳父極不高興
差點成了他們分手的導火線

最嚴重的一次是岳父拿椅子摔他老婆
只因她晚了十分鐘到家
並還口出穢言說她是淫蕩的女人
老婆因此離家搬去跟他一起住

岳父其實是很疼女兒的
但個性讓他不懂跟人相處需要尊重和信任
那時正逢舊曆新年
闖了禍的岳父不知如何善後
要岳母去說服女兒
女兒給的回家條件是要他當著家人親口跟她道歉

有時危機就是轉機
中國人過年的團圓何其重要
他先勸了老婆
並在未事先告知下在除夕夜帶了老婆回到她家
岳父意外的跟女兒道歉
從此他就成了岳父最貼心的女婿

岳父有個很特別的姓叫愛羅

他有三個女兒卻沒有兒子

想起岳父後來對他的溫愛

他跟臥在病床的媽媽說：「如果我再生第二胎是兒子的話，希望二兒子能姓愛羅，這個姓太特別了，該保留下來。」

媽媽聽了他這話

點了點頭

卻開了個讓他傻眼的條件

媽媽說：「那我要親家白紙黑字寫清楚，這孫子冠了愛羅後，要確保他能分到他們家的家產。」

「為何呢？這又不是他們提的，這樣不是很怪嗎？」

媽媽睜大眼睛說：「我從小和弟弟就是過繼給我沒法生育的姨媽，過繼五年後，姨媽奇蹟似的生了個兒子，結果我和弟弟沒分到半點家產，只在結婚時給了個翠玉手鐲，你們年輕不懂事，不知道這事沒定好，到時候會多後悔！」

玉鐲的故事他聽過千百次了

但實情並非她說的那樣

爸爸說養父母是很疼愛她的

只是舅舅把原先給媽媽的那份家產敗光

他的媽媽有很多偏差的價值觀

比如重男輕女的她就急著想把女兒嫁出去

可怕的理由居然還講給他聽
那就是妹妹若嫁不出去
將來就會變成他的負擔
爸爸知悉後反過來勸他：「不用跟媽媽講道理，她聽不
進去的，你也改變不了她，所以不用為此跟她辯駁。她
要怎麼說，就任由她說，你們就做你們想做的。」

當晚他走出醫院大門的時候
忽然全身顫慄
他想起妹妹曾跟他說過
她第一次被媽媽拖去相親的時候
當晚那個男的就開車帶她去山上
車上還放了備好的紅酒
她問對方為何要到這麼偏僻的地方喝酒
男的回說喝酒慶祝兩人初識
她回去很生氣的跟媽媽抱怨
媽媽居然說這沒什麼怪她大驚小怪
剛離開媽媽病房前
他特地問了媽媽為何這樣說
媽媽說：「他的條件那麼好，家裡有錢，又是大學畢
業，而且沒結過婚，喝一點酒怕什麼，就算做那件事，
也沒關係啊，他若真的做，我一定會要他結婚！」
這樣的媽媽一定不知道她造了什麼孽
他的心冷來自於此

無人知曉的夏日清晨

因為他們的媽媽把幸福　寄望在願意娶她的男人身上

日本同名真人真事改編的電影
故事如下

不到四十的單親媽媽
帶著五歲、七歲、十歲、十二歲的孩子

搬到東京公寓，由於房東不歡迎小孩子住
所以老三老四是裝在行李箱搬進去的
老二是晚上去車站偷偷接回來

除了大兒子可外出
這家孩子長期都留在家中
當然全未上過學
因為他們的媽媽把幸福
寄望在願意娶她的男人身上

媽媽沒錢　基本上是個花痴
工作地點應該就在銀座

大兒子才是照料全家的人
他的願望是上學
二女兒想學鋼琴（但只有玩具鋼琴）
三兒子有過動兒傾向
四女兒可愛天真
不同爸爸但很同心

媽媽常會愛上某個男人就忽然消失不見
留下的生活費若不夠
已交待兒子去找每個爸爸要
可每個爸爸都沒錢也不認這個帳

原本說好聖誕節要回家的媽媽
這次竟一去不回
春節過了　水電被斷了
妹妹病了　後來死了
當店員問哥哥為何不向社工求救
他說：上次四兄妹被迫拆散太痛苦了

於是無人知曉的等待
等著媽媽回來

一位毫無責任感的母親
在電影裡已被篩減掉她可怕的行徑
給孩子造一個虛假的夢

孩子的安身處需要依賴這母親有沒有找到可以依靠的男
人
現實中男孩最後來到警局時還哭著替媽媽求情
他堅稱妹妹不是媽媽害死的
雖然他是那麼愛妹妹

可以想像嗎
妹妹在過世前
這位哥哥不敢去報警不敢去求救
在沒有醫療的情況下
等待最後的黑暗時光

改嫁

女人到底是要什麼　要一個可以讓她施以包容的可憐男人嗎

在婚紗攝影店裡
她再次跟攝影師強調她不想拍清宮皇朝那組
但攝影師卻不知好歹的跟她推薦
新任丈夫的兩個孩子與她一起嫁過來的兒子都靜靜坐著
打掌上型遊戲
對於這個稍稍有點人數眾多的婚紗照
她感到每個人都有不適應症

首先她的腦海裡不斷出現女兒的臉
女兒是跟前夫走的
離婚其實早就離了
只是當時考慮到孩子的感受
一直到她遇上了這位新丈夫
他們才跟孩子宣布實情

兒子曾經問過她：「你們要分開是你們的事，我跟妹妹
為什麼要分開，只是因為你們想分得公平嗎？」
她被問得不知怎麼回應

是的　兒子說的是
這像是一對父母無顧孩子權益的自私分贓
不想讓對方占到便宜的責任分贓

攝影棚因逢隔壁裝修而不停的震動
每回鑽牆機的聲音一響起她就感到心悸
這次她堅決不要婚照的放大照
通常這麼大的照片不是掛在臥室就是放進儲藏室
每次她和老公一冷戰或爭執不休時
這照片就像膨脹的諷刺衝進眼裡
過時的甜蜜　可笑的肢體
好幾次她真想拿把刀將這個虛偽的畫面劃上刀痕
她就不信只有她這麼反感
那些婚紗業者到底在販賣什麼良心
究竟要紀念還是記仇
沒有去深究這些照片往後對這對夫妻有什麼不便嗎

新任丈夫最近忙著公司上市
當初會答應嫁給他是因為經濟問題
她已受夠付不起房租的生活
像她這樣有兩個孩子又有負債的媽媽能談什麼條件
所以她假裝看不見他那令人嫌惡的冷玩笑
所以她想辦法和他那勢利鬼的媽媽住在一屋
所以她開始從日常開銷中存點小錢
不貪大的　不求自我

等到有一天存夠了錢
她就要讓兄妹復合

新任丈夫的兩個孩子還滿乖
不多言但總是有禮
剛住進這家的初期
她就看到前女主人在這家留下的功績
光從家中儲物櫃的分類就感受到這位賢妻的功力
孩子也有把東西歸類的習慣
除了婆婆會進別人臥室前不敲門外
家裡的氣氛是很安寧和諧的
也許她對繼母這個身分太感困難
也許自從當了媽媽後她一直是個手氣差的媽媽
老公不但沒幫上忙還變成了幫凶
她想不透負債累累的男人外面還是有女人想養他
女人就是那麼笨
女人到底是要什麼
要一個可以讓她施以包容的可憐男人嗎

攝影師想給三兄弟來個不一樣的合照
他自以為是的想了漫畫四連拍的創意
要他們扮成三隻小豬的動作
孩子沒有一個要配合
老公在門口忙著講電話
她揮了揮手跟攝影師說她無能為力

女兒此時也許還在學校等老是遲到的爸爸去接她

攝影棚外另一對新人不知怎麼爭吵了起來

人生在此一秒是不得閒的巧合嗎

喀嚓

照片在一二五分之一秒被保留了下來

所有的POSE都是老套

她想起上一段婚姻拍的婚紗照

每當兩人冷戰時那放大的照片就放大了諷刺

於是在隔年大掃除時大家很有默契的將它放到收藏室

她想過改嫁後不會重蹈覆轍嗎

她承認她大多數原因是為了經濟才結的

若是為了感情她是不會再結了

因為養孩子不能沒有錢

拍完婚紗照的當晚

她很想打電話給女兒

但新任丈夫要她忍住

如果她沒法和女兒生活在一起

在國小三年級的年紀斷斷續續的電話聯繫

可能更讓孩子放不下

她知道大家說的都有道理

可她很想大聲說：「我想我女兒，我想和我女兒在一起。」

兒子為了妹妹有很長一段時間對她冷淡以對
聖誕節前一週
她特意帶他去選購給妹妹的聖誕禮物
經過 3C 家電館時
她跟兒子說要買個錄音筆
「從明天開始，我們每天都錄一些話給妹妹，然後以後每
一年，讓妹妹隔年可以聽到我們一整年對她說的話，你
覺得好嗎？」她說。

作為一個改嫁後的媽媽
她想到新任丈夫的兩個孩子也有一個媽媽
她想起那個媽媽可能的心情
她想她也許該瞞著丈夫和她私下聯繫
她甚至更想和前任丈夫的現任女友聯繫
如果跟男人是那麼難以溝通
或許女人們可以聯合起來
一段婚姻的結束並未把雙方的恩怨結束
新一段的婚姻至少學著不一樣的態度面對

回到家
她把三個孩子叫到跟前
說：「我們來組一個隊伍，把你們的媽媽和我的女兒一
起納進來，不讓爸爸知道，然後，想一些有趣的事，共
同來做，比如我們每天跟她們說話，一天天錄……」
不知道這樣做對不對

但她就直覺該做
作不好再修正
或是再換個方法
反正不要放棄就是愛能持續的證明

苦兒流浪記

吃苦　對孩子不一定是壞事　但不該給孩子那麼大的負擔

在青城山後山有個小學
這學校由於位於偏遠的山區
大多數的學生都是住校的
但家境清寒的學生仍需徒步上學
有些一年級的小孩得走上一個半小時
經過沒有路燈又滿是泥濘的山路
一整年有四分之一時間會下雨的青城山
孩子為趕上早上六點半的早自習
五點天還沒亮就得出門
既危險又辛苦　冬天尤其寒風刺骨

為了要為這些孩子募集助學金
讓他們免於長途跋涉
我們來到這小學實地採訪
這天我們決定和這些孩子一起放學一起上學
體驗一下他們的生活

我們四點就上山了

今天要一起上學的這個學生叫唐堂
國小二年級生
他本來有個讀五年級的哥哥
半年前失蹤了
他的爺爺奶奶沒能力去尋他
因為唐堂的爸爸媽媽離婚後已有兩年沒回家
寄回家的錢也是有一搭沒一搭

唐堂出門上學
會先到離他家兩公里的蕭健家
三年級的蕭健個子反而比唐堂小
不過腦袋很靈活
一路上他滔滔不絕的談著他家的一些事

蕭健和媽媽住
爸爸在他出生後不久就死於工作意外
拿了不到三萬元的賠償金
他們相依為命到今天

兩個孩子一起上學已經年餘了
他們都是跟年紀稍長並需要人照顧的大人生活
唐堂的爺爺腳瘸了
蕭健的媽媽患有弱智

問起他們的夢想

蕭健希望能到電視臺參觀錄影
唐堂則盼望爸媽早日回來

大家走了約莫半小時沒有路燈的山路
一片遮去斷崖的濃霧漫到跟前
他們還是健步往前走
「別怕啦，就算不小心掉下去，我也不會摔死，這崖邊很
多樹根可抓啦！」蕭健就是個大哥。
再問他們會不會覺得走路上學很辛苦
唐堂則說：「爺爺不能沒有他，他住校後，誰照顧他？」
可見上學雖辛苦
還有更辛苦的顧慮

陪我們來的學校督導特別指像他們這種單親養育的孩子
常常會沒來由的就斷學了
而且人就莫名的消失

流浪去了嗎

面對這個世界上千萬的孤苦孩子
愛心的投入　善心的領養　政府的福利
都不如宣導父母不要亂生孩子
讓大眾在很年輕的時候就知道生孩子要負擔什麼
讓政府立法將孩子的基本福利金從出生延長到十八歲
這期間的基本生活費和教育費都由國家負擔

要將孩子的未來托付給全天下的父母是不實際的
不如像歐美的養老福利
孤苦的老人由國家來照顧
把他們交給他們的孩子照顧風險太高

吃苦
對孩子不一定是壞事
但不該給孩子那麼大的負擔
一個國小學童要照顧行動不便的爺爺奶奶
去學校學了一天課回到家沒人幫忙解題學習成效堪憂
生活靠親友鄰居接濟
只要碰到一次衝突
唐堂有可能變成哥哥那樣流浪到外頭

「想哥哥嗎？」
唐堂臉上沒有太多表情
也許他並不知道這句話的意思
是想哥哥回來呢
還是想和哥哥曾經相處的美好時光
在去學校的路上
一行人都是疾步前進
這是他們每天習慣的速度

年輕的校長早在門口等我們
他臉上通紅有點酒味

他說早上太冷了學校又沒暖氣所以喝了點藥酒驅寒
校長見到蕭健就說：「你姐姐找到了！」
「他還有個姐姐？」
大蕭健兩歲的姐姐也是在去年失蹤的
為了什麼離家沒人知道
原來尋找失蹤的親人也是需要條件的

一趟早上上學去的行程
意外看到了不為人知的顛簸之路

最不能原諒的是將我們關起來又棄養
這不是活活餓死嗎

原來是要這樣

所以她們不會過問自己的幸福　總是全神貫注守護著孩子
尤其護的是單傳的兒子

「你媽媽對你的感情根本是變態，你還搞不清楚嗎？你若
不清楚，你若還是護著她，就代表你也是變態，你們才
是天生一對，你應該娶你媽媽才對！」柔弱的女主角終
於反撲。
她每次看到這種瓊瑤式的婆媳對白總是不可置信的搖頭
都什麼時代了
沒想到命運幫她安排了諷刺的姻緣
她遇到一位她太迷戀的老公
不然以她在事業獨霸一方的身分
她根本不可能和這麼愛把媳婦當敵人的婆婆共處一室

婆婆有時會幫忙洗衣服
但婆婆會把她的衣服從全家的衣服堆中挑出來
夫妻倆一起加班到半夜
餐桌上婆婆特別做的消夜一定是一人份
那一雙
筷子
在擺設整齊的大圓桌中央

她第一次感受到被這個家排擠在外
很難受
她老公知道了
事後老公的安慰讓她理解了這種太怕兒子被奪走的女性
的苦處

在婆婆那年代的女人
女人大多數還是男人的附庸
說現實點就是個傭人並提供性服務
很容易突然被迫要扛起全家的生計和孤苦到老
所以她們不會過問自己的幸福
總是全神貫注守護著孩子
尤其護的是單傳的兒子
既能傳家
又能陪伴
興家再造
大夢不願醒
她們認定的是命
並以堅忍來度過

不必老公這般提醒
她也有個這樣的媽媽
像大章魚長爪上上百個吸盤吸著孩子
媽媽最可惡的地方是她不但不承認
還指控是她太黏著媽媽還無法自主

也許單親的媽媽都活得太壓抑
被環境逼得抱著孩子共度難關
只能說培育孩子的感覺太誘人
一路再辛苦都被「見孩子成長的夢」安撫了
那年頭對單親家庭的看法是鄙視的
她難過了一晚後決定可憐這婆婆

日子慢慢來到了　她正式進入高齡產婦之年
婆婆知道這年頭管家裡的事是不能不考慮媳婦的感受的
所以婆婆沒說什麼
但她又深深感覺到說了什麼的低氣壓
漸漸占據於生活上許多不起眼的地方
造謠　離間　假日一大早就叫她起來吃早餐
能不說話絕不多說一個字
這些都是當老公出差時婆婆會有的嘴臉
老公在家時
婆婆不但會跟她有說有笑還能和她一起去游泳呢

婆婆不惜讓她看到人性毫不遮掩的那一面
她和老公則共同在房間裡談論那強勢又可憐的婆婆

後來婆婆因老是覺得吸不到氧氣
檢查後驗出肺癌第三期
婆婆堅持不做化療
婆婆要把最後的時光留給自己決定

不想參考誰的意願
老公只能答應
他特別辭職陪伴婆婆
醫生預測婆婆只剩半年活期

她想婆婆一定很想和兒子單獨相處
為此　她盡量晚點回家
盡量能出差就外宿
一個人還真是不錯

半年後
婆婆病情轉好
醫生說有機會再延長兩年的壽命
她和老公討論後
她決定在家附近租個房子
她一人住
老公持續和婆婆住
三個人都滿意的生活
原來是要這樣

要把孩子當朋友的媽媽請注意

不要刻意和孩子做朋友

作朋友前先看看孩子有否意願跟妳做朋友

媽媽在她二十歲的時候
跟她說：我們要試著做朋友

她心裡不爽到極點
她在心裡喊道：第一是，朋友是我自己選的，不是被強
迫的。我只會選跟我談得來的朋友，妳有把握跟我談得
來嗎？

媽媽那天還說：妳想說什麼都可以對我說，我會像朋友
般聽著！

是喔？
妳終於懂得用媽媽那樣的階級跟孩子說話是不對的嗎
還是妳想卸下對孩子的責任

三歲就拋下她改嫁到東部的媽媽
十七年來只見過五次面
每次不會超過一天

她倆在她上高中後較能頻繁電話來往
可惜不是那麼愉快
因為她一有麻煩或缺錢才會找媽媽
所以她最常聽到媽媽的回答是：媽媽幫不了妳
常常她還來不及說什麼事
媽媽就會像先知般說：媽媽幫不了妳

媽媽幫不了妳
媽媽幫不了妳
媽媽幫不了妳
媽媽幫不了妳

一個會輕易拒絕孩子的媽媽
一個那麼怕孩子給她添麻煩的媽媽
那麼怕跟孩子來往又想跟孩子保持來往的媽媽
她想媽媽是為了撫平她自己心中的罪惡感
她惦記的是大家怎麼看她這樣的媽媽
不是因為她懂得怎麼愛她的女兒

近年爸爸年事已高老上醫院
媽媽每回打電話給她總是給她壓力
媽媽要她幫爸爸設想好後事
還要她幫爸爸找榮民之家
可堅持不跟其他老人同住的爸爸哪是她能說得動

「他是妳爸爸，妳要負起責任啊！」

「是嗎？那妳對我的責任呢？」

「妳又來了！」

「那妳就別來管我家的事，妳對我的方法就是撇清妳對我的責任，媽媽幫不了妳這句話，妳說來就像跟路邊的乞丐說的一樣輕鬆。」

於是她們又好一陣子不來往了

某天某個電視談話性節目

某位家長覺得家長能跟孩子做朋友是最理想的關係

她好奇的聽他的觀點

那個家長說：「和孩子做朋友首重傾聽，然後是耐心聽取不同意見，最後才是理性給予建議。」

她聽了突然大叫：「放屁啦！」

這根本是調查局派來臥底的父母

以朋友的身分做掩護

主要目的就是監控「朋友」的一言一行

不然怎會有理性的建議

想和孩子做朋友的媽媽請注意以下幾點

不要刻意和孩子做朋友

作朋友前先看看孩子有否意願跟妳做朋友

朋友首重尊重而不是導正

跟朋友說話不要有訓誡和說教的口氣

朋友不跟妳說話那是他的基本權利
朋友有權利跟妳不來往

最讓孩子不信任的朋友就是那種
一下子是朋友一下子是媽媽的人

寵物

等到人輪迴後當了寵物　就會知道他們幹了什麼好事

九官鳥、孔雀魚、拉布拉多犬、巴西小烏龜和獨角仙
牠們剛榮獲人類臺灣區二〇〇七年到二〇一七年最受歡
迎的寵物
這個獎是為了某綜藝節目的特別節目設計的
受獎人是參與「猜猜看，哪種寵物最夯？」活動的其中
一人
這些寵物沒一隻受益

在登上天堂的大門前
這五位動物針對這個獎項各自發表了一段談話

九官鳥：
我真的無法諒解這些媽媽
為何不能教教他們善待我們的重要性
孩子提起關著我們的鳥籠劇烈搖晃
大人帶頭教我們說髒話
無視於別的生靈的痛苦就是低等動物

孔雀魚：

聽九官鳥一番話

讓我想提醒所有人類

當你們來到觀光區或夜市看到有些攤位在撈孔雀魚時

請不要參與

你沒看到小孩和大人怎麼瘋狂的撈魚嗎

反正撈魚免費撈

撈完再送你兩隻魚

所以大家便以讓魚永不得安寧的方式嚇魚

你該能想到不停受到驚嚇的結果

送你的孔雀魚通常活不過三天

因為牠會不適應風平浪靜的生活而死亡

拉布拉多犬：

《再見吧！可魯》讓作者功成名就

卻害死了很多被棄養的拉布拉多犬

遺棄對你用情至深的生命體

媽媽們難道不該趁機跟孩子教育一下嗎

最不能原諒的是將我們關起來又棄養

這不是活活餓死嗎

巴西小烏龜：

沒用啦

等到人輪迴後當了寵物

就會知道他們幹了什麼好事

獨角仙：
相較於前面幾位
我深深同情牠們被遺棄的可怕
相較於前面幾位
我們被盯上的危險就變少
我不想苛責誰
這不就是一個弱肉強食的世界嗎

天堂處很多人間的記者聚集
這是牠們最後一次對人類發言
因為穿過這道門後
牠們就成了仙了
就光憑受人類凌虐至死就能上天堂啊
一位年輕的記者驚訝的問老記者：「那些凌虐死牠們的
人類下場會怎樣？」
老記者指了個方向：「下面那邊也聚集著記者的地方就
是畜牲道，他們會轉世成寵物！」

跟孩子學習

一個及格的老師　是應該常提醒孩子人人各有專長

很多師父是不敢跟徒弟比武的
比輸了怕丟臉
這樣的師父絕對不是高手
至少他沒悟透
只有贏的人生
不會懂輸所帶來的價值

這價值是藏有很多贏面的
就像贏的領土也擺設了很多陷阱
輸　會讓妳面對失敗
輸　會讓妳有機會大徹大悟
輸　不必然是輸
它讓妳看到自己的弱點
它讓妳知道妳不必然是第一
它的意義蘊藏無窮寶藏
輸絕對是贏的母親　孕育著下次的成功

對於妳這位當慣師父的人

妳要有個認知
每個人都有值得妳學習之處
如果妳因此找到了
那麼對方就是妳的師父
不管他是大人或小孩甚至是一棵樹

讓孩子當妳的老師
不但可以增強孩子的自信心
也能讓他懂得體諒當老師的辛苦
要拉近自己跟孩子的距離
妳就得展現公平
妳得證明一下妳是不是也能做個像樣的學生

有時候妳甚至可以讓他去教更小的孩子一些東西
讓孩子知道方法的用處及溝通的技巧
讓他知道學習是立體的結構
有讓人從外看到學習者的學習態度
有從內心出發的雙方互動
以及自我的反芻與全新的體會
這絕不是一個單一的填鴨式學習

很多小學會有小老師制
就是讓成績好的學生在課餘幫助功課有疑惑的學生
這方法的缺點是只在乎主科的部分
忽略每個孩子都有當小老師的能力

有的可以教畫畫
有的教表演
有的教唱歌
有的教記憶
讓學習之途多些風景變化
最重要的是要知道為什麼要學這些東西

在教的過程
等於有複習的功效
而且給大家上了一課
原來每個人都有專長

一個及格的老師
是應該常提醒孩子人人各有專長
不該讓孩子誤以為學校的成績單就是人生的高低
學習之前若沒有了解學習真義的認知
學習就可能是走火入魔的一條路
這真義就是知道為什麼學
學了要怎麼運用
考試成績只是代表單項的評比
不代表以後在社會上的分數

如果可以的話
找一個上課天
同年級的老師齊聚課堂

孩子來當老師

讓他們看看一群管不動的老師該怎麼讓老師聽話

讓他們想想下次自己當學生時該怎麼做個好學生

每個學琴的孩子都有件媽媽行李

天下父母心　為了孩子夫妻分離

華航的直飛維也納班機

在晚間十點起飛　維也納當地六點多抵達

和我相約在中正機場碰頭的鄭太太

帶著她的女兒去

這是她們第一次去維也納

目的是去看學琴的環境

女兒小六今年上國中

她看到我都是漾著笑容

一眼就看到她的牙套

上飛機後我們分區坐

但我坐的區域真的很糟

有一群立委團

他們七嘴八舌吵得要命

還有人過來跟我裝熟握手

我鄰座的人對他們可沒好話

就跟我說這些人又在浪費納稅人的錢

經過十四個小時
到維也納時我跟鄭太太又聊著等張太太來接我們
她說她們這十天都住她家
張太太也是帶孩子來此學琴的
已來兩年
這一群海外學琴母子團
原來也有龐大的互聯網
天下父母心
為了孩子夫妻分離
若從國一開始
她們得留在此將近十年
只有寒暑假回
而且畢業後還不知前途在哪

鄭太太和我搭機場巴士一起到火車站
和張太太會合
車上她問我有什麼建議
對於來此學琴
我告訴她幾件事
第一要多看書多看電影多寫字多表達自己的情緒
第二別只碰古典
第三別太為孩子前途擔心

只見她女兒很開心聽我講
我說：「妹妹，妳贊同嗎？」

這時她媽媽說他是男孩
因頭髮稍長　別人都以為他是女生
我回，他的髮型再留長一點會更好看

張太太又是另一位孩子的媽媽行李
她熱心帶我去買火車票
又帶我去月臺
一路上她也在談學琴之路
她還跟我談到陳冠宇
對於以他的程度去彈流行歌曲
很多這兒的媽媽風評不佳
我告訴她
每個人都在摸索自己的路
大多數人都照大家認定的路在走
讀書、就業、結婚、生子
這樣如生產線的人生步驟
都是對的嗎
不然怎有那麼多人對自己人生不開心

張太太被我的邏輯弄得似同意又不知怎麼同意
但此時火車要開了
她臨別前送我一個派
要我車上吃
我上車前大聲告訴她
別擔心，我們應該讓別人刮目相看才來這裡的

撫養權

如果她不能對他的外遇釋懷　知道這個外遇的原因又有什麼
意義

寶貝出生不到三個月
她的老公外遇被她爸爸撞見
爸爸怕打擊到還在坐月子的她
沒揭發真相
但老公卻比她爸爸提早一步跟她提離婚

她後悔當初為了逼不想結婚的男友結婚
才生了這個孩子
男友是個厚道又守信的人
做不到的事絕不亂找藉口模糊
反倒是她
為了愛
可以讓自己懷上孕
她可是一點都不渴望有孩子
她甚至懷疑自己能做個稱職的母親
她不喜歡做家事　沒耐性和孩子相處
熱衷社交圈　最想把時間奉獻給事業和愛情……
所以她聽到老公提出離婚協議時

她只說：「孩子怎麼辦？」

「可以歸妳！」老公是站在大多數的媽媽提的建議，但她
不是這大多數。
她說：「我現在沒有能力照顧他，我必須工作，我帶著
一個孩子……」
她只差沒說，帶著一個孩子，誰還會要我呢？
「但我一個大男人……」說到此，兩人忽然驚覺兩人的
自私已到可恥的地步，向來都是聽說夫妻在互搶撫養權
的，哪有這樣公然推辭而不臉紅的！

幾天後
他們來到一家有海景的高級餐廳
為了這次談判
他們刻意理性和客氣
冬天的海邊沒有一艘船也沒什麼人
「我們一起撫養這個孩子吧！不管我們現在有沒有能力，
孩子不能被我們的狀況犧牲，沒有時間照顧，我們就請
專業的人照顧，錢不夠，我們一起分擔，像朋友一樣，
合力把孩子養大成人。」她的老公率先發言。
發生問題至今
她沒問過他為何變心
因為她的爸爸跟她說
如果她不能對他的外遇釋懷
知道這個外遇的原因又有什麼意義

沒想到老公卻問她：「妳為何那時執意要個孩子？」

為什麼？
能說是為了讓他就範嗎？

「我能說我也後悔了嗎？」她說。
「那妳能接受我說，我們都承認我們都不要小孩吧，然後一起找好的領養家庭，怎樣？」她的老公說。
八個月後他們順利辦妥領養家庭手續
是給一對住在美國的南韓夫妻

「妳難過嗎？」她的老公電話中問她。
「不會啊，我反而替他高興，未來迎接他的是全心全意想照顧他的父母，不是沒能力又沒責任心的不肖爸媽啊！」

悶

我偶爾會懷疑　什麼是真的　什麼是假的　什麼是命運操縱

我們隨時都在做殘忍的事
我們並未察覺
一群人高興的圍一個火鍋
把活跳的魚和蝦夾入煮沸的湯中

心情悶的時候
就是會想到一些灰色的畫面
然後灰色的延伸
直到自己看不到灰色的深處代表的顏色

這樣的漩渦
如果代表的是輪迴
我杯中的湯匙也跟著旋轉
旋轉著懸念
只為自己解圍
簡單的逃脫

每一日我調整信心才得以出門

在不知會發生什麼的一天裡
這樣的準備總是必須
可大家都覺得容易
但都是困難重重

你們都是怎麼走進新的一天

我偶爾會懷疑
什麼是真的
什麼是假的
什麼是命運操縱
什麼是命盤的權力範圍
可我需要不斷提示
然後依照自己的詮釋
不能過度的欺瞞
借過
走一條可走的路
還行的路

可如果有一天
我走到那群蝦的路途
面對滾滾生命的盡頭
掙扎
最後免不了的恐怖
我希望那時我真的是蝦子　　而不是人

妳的操控已養成習慣
妳所作所為都是為了孩子

MOM
31

公平

美國人講求孩子從小就要學獨立　老人老時要靠自己
中國人則是大人完全奉獻給孩子　老了再賴給孩子照料

身為長子
他總是默默的扛起一家重擔
尤其是爸爸中風後
家裡的債務被迫由他負起

因為弟弟都還是學生
因為媽媽也常談起她過去的經歷
這經歷是這樣的
媽媽在家排行老二
大姐很早就遠嫁國外
對方也不是什麼有錢人
所以全家大小的支出全靠唯一有工作的她在支撐

媽媽是個很傳統又熱心的人
常常幫人幫到自己身無分文
對於一家重擔
她除了偶爾抱怨舅舅們都中年了
都還沒有一份穩定的工作外

至今仍是常常接濟他們

也許是受了這樣個性的影響
他總是努力忘掉人生有公平這件事
他忘掉的方法就是去實踐不公平
並告訴自己人生沒有公平這件事

沒問題
因為不公平
所以家計全都他來扛
他不願花一秒鐘去問他們
為何這個家他們都沒有承擔的自覺性
沒有能力還是不願意對他來說是一樣的
他只是常常會想到如果有一天他什麼都不想管了……

他永遠記得第一次弟弟到臺北工作
住的地方還是他託他的房東幫忙找的
後來房東跟他小抱怨
說弟弟跟她借了一千塊
已拖了三個月沒還了
他很氣
在電話中跟媽媽告了狀
沒想到媽媽居然回他：「你這個做哥哥的，怎麼那麼沒
肚量，你幫他還了不就得了，一千塊是很多錢嗎？」

他告狀是為了什麼呢
是為了公平一點嗎

上小學的時候他和媽媽去工廠做工
弟弟小到只能跟著去玩
等到弟弟大到可以幫忙的時候
工廠倒閉了
弟弟沒做過什麼工
他有好多不公平的回憶
越想就越心胸狹小

家人真是個很不健康的組合
分工不明　關係曖昧
愛也複雜　恨也複雜
媽媽的立場就是全家都過得好是準則
我的看法是為什麼不能各過各的人生

你覺得好　別人不一定覺得好
這樣的好難道不是齊頭式的平等嗎
有一陣子他一直希望自己是孤兒
他很羨慕那種無牽無掛的輕鬆

以前聽說美國人和中國人的親子關係最大不同在於
美國人講求孩子從小就要學獨立　老人老時要靠自己
中國人則是大人完全奉獻給孩子　老了再賴給孩子照料

哪一個適合現代哪一個較人性
一點都不難分辨
前者的用意是不要過度介入別人的人生
後者則強調家人是不可切割的至死糾纏

孩子會抱怨父母不公平
抱怨的項目可能多到無法想像
甚至可能天天發生
從小就常發生蛋糕分配不均
為什麼弟弟能不用幫忙家庭代工
新年新衣服妹妹花的錢比較多
大了後比財產分配不合理
哥哥不養家也沒關係……
由於大多數的媽媽只想每個孩子都好
這樣的想法才是招致孩子覺得不公平的起因
孩子的想法是怎麼種才怎麼收穫

既然有些媽媽會反駁說：沒有真正的公平
那我就要提醒媽媽們：但還是可以盡量公平

私心
一直是母愛的好姐妹
妳忽略
就會累積怨懟
公平

是讓孩子之間能和諧相處的方便之門
也是母愛最後能受到子女愛戴的鑰匙

MOM
32

母兼父職

母代父職其實就像複製偉人銅像　它不代表什麼意義

我擔心的是母親負荷過重怎麼辦
母兼父職　這父職的部分到底是什麼呢

看看大部分的爸爸在剛有小孩的年紀
大都是很忙碌連陪孩子的時間都不多的時候
就算是碰面也可能只是好臉相向玩玩逗逗
不像母親為了給孩子立好規矩而扮著黑臉而痛苦煎熬
少見面就有這種好處
少衝突　少要求
多了想念　多了渴望

母代父職其實就像複製偉人銅像
它不代表什麼意義
就算有也是別人提醒妳的而妳不清楚它是什麼意義
會不會這是傳統婚制給妳的另一個謎團
讓妳依賴一個妳自己都糊塗的假象

孩子真的一定要一個爸爸一個媽媽嗎

妳難道忽略孩子可以在很多地方認識男性嗎
或者妳只能扮演妳自己

一個想要母兼父職的念頭
也許又是個過時的毛病
想給孩子一個妳自以為是的「完整」
但這完整裡有什麼呢
提醒孩子有爸爸有媽媽才是完整的家嗎
萬一未來對家的定義不是這樣呢

做一個獨立撫養孩子的單親媽媽
並非都那麼辛苦那麼處於劣勢
最可憐的媽媽絕對是那種老公不幫一點忙又不斷製造衝
突的媽媽
老公每天在家上演著不良示範
很多可以簡單決定的事偏偏不是一人說了就算
單親的媽媽省去了和一個有理說不清的丈夫溝通是多麼
幸福啊

可見家裡有個爸爸不一定是好事
孩子該知道一些真相
這世界就是有很多種人
黑人　白人　黃種人　紅種人……
這世界也有很多種家庭
單親　雙親　同性戀雙親……

以上各種不同類型的人種和家庭一律平等
這道理如果妳不認同
妳就是在冒一個與未來主流意識不合的險

過去
妳處的世界也許是鄙視單親家庭的
未來
妳希望孩子怎麼想是妳可以決定的

曾經
妳認為同性戀者當父母孩子可能會變同性戀
如果
妳的孩子是同性戀者又想領養孩子妳怎麼辦

孩子需要的是一個真實的世界觀
而非一個不合時宜的紙糊堡壘
沒有　就不用假裝有
對所有人都要以公平性看待
是媽媽給孩子最起碼的身教與思想

言教

妳可以有更好的説法　但前提是
不要以為是對他好的事就要他一定做到

說話是藝術
這是什麼廢話

說話是讓人感受的事
藝術有太多想像空間
更何況這說話還要帶著教育功能
所以　言教要的說話　功能要放第一

聽的人不管是誰或者是說給自己聽的
感受是說的人在主導
妳可以決定這話要說得猛烈還是娓娓道來
想要讓對方難受還是滿心溫暖
是隨意說說還是懷著目的
但我要提醒妳一件事
孩子長期和妳生活在一起
妳最好不要前後矛盾失去做人該有的立場

▲有話好好說

這真的是最難做到的
因為孩子會讓人抓狂的地方實在太多
不好好在桌上吃飯
打電腦打到六親不認
總是在出門後才發現什麼東西沒帶
忽然接到學校老師的通知孩子闖禍了
不管妳有多生氣
不管妳媽媽以前也是暴怒對妳
不管所有的媽媽都是這樣對抗這事
請妳想想妳這樣做是不是效果越來越不好

人說話的口氣和修為也是一日一日養成的
不能好好說的結果就會演變成常常沒法好好說
家裡的氣氛就會時時充滿煙硝味
尤其是說道理的時候
一旦配上恐怖的音效
再有價值的好處都會焦點模糊
孩子可能會傻在原地腦袋淨空
可能會從此痛恨這個道理
可能只會看見媽媽情緒化的一面
可能再也不敢跟妳說原因於是沒法讓妳知道真象
可能妳會說出跟這事無干而捲在一起開罵
可能妳會越講越氣口無遮攔：「跟你爸爸一個德性！」

妳的言語透露的是妳的個人家教

慢　軟
這二字訣大家來試試看
以音樂的例子來看
慢就會比較緩和一點
軟就會接受度高一點
沒要刪改妳說話的詞彙
妳仍可一針見血要他立刻警惕
或者等妳情緒平穩以後再開口
鐵的教育帶來的後遺症不會只有發生在孩子身上
可能也會禍延至妳
他會以為他以後也能用這麼激烈的口吻讓人聽話
妳可能不知不覺嘴裡盡是三字經並把其他拉來一起罵
他會感受到妳並不是平等的態度跟他說問題所在
妳將會只說結論只是懲罰而沒有解決方法
沒解決問題又製造新的問題
語言成了多餘的最佳範本

▲將心比心

妳若不希望往後老是在同一件事上生氣
最好就是好好想想怎樣讓他明白妳的道理並從此改善
想想妳在他這年紀可能的反應
想想他和妳最大的距離是什麼

想想妳是想解決問題還是發洩情緒
想想妳的身高妳的身分他還能多說什麼
想想妳想灌輸給他的觀念會不會因為情緒而導致反效果
想想我們可能只是在為我們毫無準備才激起萬丈海嘯
想想我們在這年紀時也很不喜歡媽媽這樣的嘶吼
想想這個家可能還有別的人在
想想　多想想
把和孩子以平等之心的表情找回來

跟他說：
「你會一直犯同樣的錯就表示你很難做到
對我可簡單對你就很難
有時候你會讓我急到發火
因為你不知道你這習慣不改以後會受到什麼傷害
但我曾經也是你這樣
好像少一根筋好像就是智障
好像就是要判我無期徒刑也不能讓我改變
既然事實是這樣我們就好好面對
來討論一下消滅它的方法
你有什麼好建議呢？」

妳可以有更好的說法
但前提是
不要以為是對他好的事就要他一定做到
多體諒他做不到的難處

這樣方能找出問題的所在

▲沒有口德的媽媽一樣可恥

妳會不注意就說幹嗎

妳會氣到爆時就操三字經嗎

妳會在孩子面前罵公公、婆婆或丈夫嗎

妳會拐著彎酸人嗎

妳會說一些不實的謊來讓自己更有立場嗎

妳會說一套做一套嗎

妳會說妳自己都不認同的話嗎

妳有說過你去死你出門給車撞死的話嗎

妳有注意說話要公道嗎

妳會不會連妳要他做的事都沒想清楚是怎麼一回事

比如妳不許他玩電腦遊戲

妳又想過為什麼不許他打呢

是怕視力減退還是影響功課

是因為大家都這麼說所以妳也就這麼做

妳若沒看他打過電腦遊戲又怎知孩子可能是個高手

要孩子照妳的計畫長大

妳沒有將心比心

他就會覺得妳只會說大話根本不了解這話的意思

尤其當他還看到妳常常沉迷網路麻將的時候

如果妳肯跟他分享妳的祕密

比如跟他說：我也覺得有點難度！
跟他一起想辦法站在同一陣營
不要在孩子面前當完人
跟他一起成長重新學習
會把背彎下來的媽媽最慈祥

▲辭彙練習之必要

請大家在家裡提倡一個活動
每天跟家人說一句真誠的好話

「媽媽，妳衣服這麼配就對了！」
「哇，效率很好喔！」
「妳氣色不錯喔！」
「妳對他說話很有耐性喔！」
「妳肯原諒他，我很佩服啊。」
說話是要練習的
不然妳連簡單的表達都會困難
真誠的好話就需要貼心的感受
感受對方對妳真正的好的那一面
這樣的鼓勵是最好的言教
真實又充滿感情
會讓人忍不住要做得更好

但千萬不能為了說好話而說好話

家規

家規其實有助於家人感情的凝聚

家規
最能透露的是定這家規的人的人格特性

一個軍人的家規
可能是「不准在外過夜」
一個老師的家規
可能是「不准說髒話」
一個藝人的家規
可能是「不准和藝人談戀愛」
這類家規的特色是恫嚇
「不准」的口氣聽來有多麼嚴厲

還有一種家規是千百年來的習俗
比如有些客家人至今還奉行「女主人不能和男主人同桌
用餐」的家規
這類是來自傳統習俗的家規
妙的是男女主人都心甘情願守著
沒有一點勉強的意思

也有一些超乎大家想像的家規
「全家全裸」
由於雙親是天體營的擁護者
在家他們都全裸

家規其實有助於家人感情的凝聚
想想一家人奉行一個規定
不像在遊戲嗎
在這個過程裡
若能有讓全家人一起參與定家規的空間
這家規才會更臻完美
因為讓大家都能如願達成是重點
沒有人會喜歡帶著命令口吻卻毫無公平原則的家規
沒人喜歡當然成效就有限
除非有人強制執行

所以就有人會利用家規之名來行自己想要的獨裁統治之實
比如門禁
這種禁制令光是從字面上就令人反感
是把家人當犯人般才會用的語言拿來當家規
就是對家規的誤會
家規如同法律
它不會針對特定的人立法
它最好

是家人共同要建立的典範

所以令家人都滿意的家規是這樣的
一　要全家投票
二　要語氣平和不帶激烈情緒
三　要考慮每個人執行的難易度
四　不要太多家規
五　不要唱高調
六　不要強硬影響孩子的投票意願
七　是可以容許修正和廢除的⋯⋯

就像家庭的一面旗幟
家規代表的是全家人的風格
別把家規做小了
風格一旦變成軍力展現
大家看到的是這家人有個暴君般的雙親

新式的家規如下例
每年訂一個一年期限的家規
例如「全家一起吃早餐」
例如「每週日全家一起打掃家」
例如「一日一餐素救環保」
例如「週日媽媽休息日」
實行得好就可以持續下去
不要把家規變成修理自己人的惡法

拚了命當媽媽

為了孩子妳最基本要幫他固守的底線就是理性
不要只把滿滿的渴望想成是愛

臺灣有位女作家
冒險當高齡產婦
她很拚
一邊主持趕錄存檔
一邊勇敢的對抗不斷湧至的狀況
最後她不得不放下所有工作
住進醫院搶救自己和孩子

由於她是暢銷作家
也是知名電視節目主持人
她的拚命在八卦新聞裡惹來一堆負面批評
比如不顧胎兒安全過度工作
比如因私人交情而跨越醫療規矩
比如給了社會婦女（她是很多婦女的偶像）很不良的示範
比如為了生這孩子願意付出性命代價

在我們這個時代
越來越多渴望有孩子卻一直沒法生育的女性其實不少

她們有的在經歷無數次人工受孕失敗後
有些甚至得了憂鬱症
是什麼恐慌讓她們如此急迫如此瘋狂
是想把滿滿的愛交給一個純真的孩子較可信嗎
是一種最能滿足自我的晚年計畫嗎
是尋找最後一張拼出傳統樣貌的拼圖嗎
還是一場海市蜃樓的迷幻之旅

這個女作家是經由人工而懷了雙胞胎的
在末期發現其中有一嬰兒已沒有心跳
在那個想保有最後一個女嬰和確定自己安危的雙重焦慮
下
社會給她的各種輿論壓力變成她更堅定的推手
是的　輿論在此時只是一個骯髒的屁
大家吃的東西不同
所以放的味兒都有各地的家鄉味
有拿著醫療旗幟的
有菜市場見面聊天的婆婆媽媽們
擁有兩個以上孩子快被煩得要死的主婦
道德人士　宗教團體　兩性專家　心理醫師
以及那些跟自己一樣卻不能同理心講句體諒話的女人

這個社會說白了
到了年紀不結婚和沒生孩子的人還是被輕視的
她們會被懷疑有問題

沒生孩子是因為老公都不做她做所以沒法生
還是因為不孕所以她的身分就可能岌岌可危
像古人講的沒後代可能是她的命很缺德
或者沒孩子妳的下場就是孤絕至死沒人給妳送終
這又是人性最醜陋的「鄙視他人」很普遍上演的例子
用自己的優越感為別人的遭遇評分

所以我要說的是
對自己渴望並執意要做的事
量力而為是最好的方式
因為生下一個有嚴重障礙的孩子
孩子也是要受苦的
他不會因為母親的愛就能取代他所有的痛苦
這點疏忽可能就在指出妳可能是個會讓孩子冒險的母親
沒必要這麼冒險吧
為了孩子妳最基本要幫他固守的底線就是理性
不要只把滿滿的渴望想成是愛

另外那些以不同立場說出的話
我幾乎看不到真正的關心
在她那麼危險又矛盾的生死抉擇前
一個孕婦能得到什麼溫暖呢
這就是我們這個社會有沒有進化的標準
不能先來救救媽媽和孩子嗎
還是我們都已習慣用這麼假的義正嚴辭給人建議

有真關心的批評才會被人重視發人深省

這個女作家的孩子度過危險期了
新聞報導她想買宜蘭某鄉鎮的一塊農地
可見她有個很溫馨童話的未來藍圖
每一次我看到這樣的新聞
就會覺得這又是一個會讓我們一起省思的問題
她絕對不會是世界獨一
她一定只是這個族群其中一個
不管她這次行為破壞了哪些框架
這破壞也許是提醒我們這框架有可能過時了

道德的價值是跟著人群的走向而變動的
它比鈔票的匯率的變化還大
只是大多數的人都沒敢第一個人說
當革命鬥士總是多舛
可是不當革命鬥士的結果就是讓自己騙過自己
原來自己也是口是心非的人
原來自己也是不正義的人
明明知道這樣討伐沒太大道理
可是為了表達跟大家一致的立場
話也就說得非常用力

拚了命當媽媽讓人怵目驚心
輕鬆的當媽媽是未來的趨勢

寧願冒險堅持生孩子的要孩子方式值得討論
也許這不是高齡產婦的問題
也許是一定要自己生的孩子的心態的問題
也許不該讓另一個生命因妳去冒生存的險
也許我們對渴望有個小孩的原因該多想想
也許是寂寞的海市蜃樓
也許是對大人尤其是男人不再信任
也許一個話都說不清楚的孩子最配得上妳渴望被依賴的
姿態
只是孩子會一天天的長大

拚了命當媽媽
連孩子的命也一起拚
就這點可怕

給老公的媽媽的一封信

這麼累又仰不起臉的人生，我要改變，
所以我要停止這條路繼續走下去。

信寫好
也到年底了
街上積了幾天的雪
一片雪白
來到北京也有兩年多
這樣早又這樣大的雪在北京還沒見過

連續感冒了半個月都沒好的老公昨天被她趕回老家了
她今天獨自來這條已越來越落寞的酒吧街
平日扮演皮條客的老公也常提議是否該轉移陣地
兩個人一個當雞一個當雞的經紀人
這麼作踐自己是為了生活的貧困
為了家鄉的女兒能上大學
故事聽來好像是千篇一律的樣板
越接近真相越沒人相信
而客人最愛談的還是她老公是怎麼接受的

從客人感興趣的語句可看出

他們在意的是八卦的部分
問她不怕老公以後的情緒反彈嗎
或是他們夫妻間真的沒有任何芥蒂嗎
這主意是她提的
她的揣摩是有個自己人的保護畢竟不同
而且不必受外人掌控和抽成
反正兩人都在現場省了老公在家胡思亂想

剛開始老公死都不能接受
要不是女兒出了車禍積欠了大筆醫藥費
他們也不會老遠從東北來到京城
婆婆和女兒在老家毫無所悉的生活著
只知道兩人受友人介紹到北京廠打工
但第一次過年回鄉時
從左右鄰居的眼中她感受到一抹迷霧般的懷疑
就像她還沒離鄉前的想法
突然離鄉出外打工的女子八成都是去做雞的
就算妳拿出證明他們也認定那證明是假的

來北京的第二年
她老公和另一隻雞搞上了
她選擇悶不吭聲
就像她小時候和媽媽去菜市場
因忘了帶錢包回家去拿時撞見爸爸和隔壁的曹媽搞在一起
媽媽那時就是選擇不揭發

媽媽沒有解釋為何這麼做
所以多年來她一直在思考這個為什麼
她想不出來哪個做法好
如今遇到了她選擇了和媽媽同一條路

這條路的好處是
大家持續扮演著讓對方舒服的戲
她想過走另一條路會發生的狀況
比如兩人就一拍兩散離婚分手
比如兩人因此僵持著只保持工作的關係
比如她也去亂搞一個讓他難受
比如鬧到孩子也知道他們在幹什麼勾當
人到那個沸點上怎麼翻和滾都是難以控制的
她甚至會悔恨自己當初
為何要結一個自己都消費不起的婚和供養不起的孩子

這兩年她認識了同行來自江西的小娟
小娟三十多了
她等於是全家經濟的唯一來源
弟妹能上學全是她的辛勞
可她很不悅的提醒她
不要奢求家人的感謝
這些年她每次過年回家
越來越感受到家人對她的蔑視
選擇這條路就要有聖人的心態

以自己的苦度眾人的福

為了孩子下海做雞到底該不該
她想了又想
如果有天孩子發現真相她該怎麼回應
她準備了一套說詞
她打算這麼說：「這是我的職業，我沒偷，我沒搶。」
沒辦法再多說什麼理由
這不是她的強項
在人生的驛站
她一向都不是會攔車大叫上車的人

這次要老公回鄉有另一個目的
她決定和老公分手
也許她會和小娟去別的城市頂個小店做起東北小吃
兩個人都上了三十的年紀在酒吧街已有點尷尬
她在信上特別提醒老公的媽媽
她並不氣老公跟別人外遇
她只是覺得過了一半的人生該有一次反省
所以她在信的最後寫道：「我唯一的錯誤就是結婚，我不
該什麼都不計算就以為自己可以扛得起這個婚姻，我苦，
並沒有讓自己變得偉大，除了那些英雄的傳記，現實中沒
幾個人會給這樣的母親支持的。這麼累又仰不起臉的人
生，我要改變，所以我要停止這條路繼續走下去。」

信在封口封住的那一刻
她發現這是第一次寫信給媽媽
這個媽媽雖不是她的親生媽媽
但她不只一次在她面前跟丈夫說：「出門在外，要盡全
力保護老婆啊！」
這話很受用
讓她心裡永遠惦記著這個媽

孩子的學費她當然會負責
丈夫看到信後的心情
她盼他能理性
這樣的分開對他絕對是壓力的釋放
說到兩人之間的感情
真要是在乎
就不會是問題

MOM
37

慢動作

她聽後　說：我知道，但要給我時間

常常聽老婆說女兒動作慢
但親眼目睹後
這慢還慢得不是蓋的

吃飯
我心軟讓她邊吃邊看電視
這是我老婆不會鬆動的立場
但現在換我指揮
那總得有我的新法吧

我因手邊在趕一個案子
在書房邊打字邊吃
她則看她的卡通 milu milu
我才說：妳怎麼二年級還在看這種幼兒園節目？
但我卻更驚訝我看到的
她嘴裡仍含著剛才那第一口晚餐
因為今晚吃水餃
第一顆咬三分之一口

她還在嚼

milu milu 都播了一個小時

除了這個
她寫功課也是超慢
寫鉛筆字像在絲綢上刺繡
真是一針一線啊
一篇一百字的讀後心得要兩小時

我老婆以前就告訴我
她曾因為寫字太慢
數學考試有次就曾有五題來不及寫
因為字寫得讓她覺得不夠好
她會慢慢的再重寫
睡前刷牙半小時
她說她是一顆一顆刷的

就寢時
我跟她說
如果妳一天吃飯比別人多兩小時
做功課多一小時
那妳一天就少別人三小時
每天三小時一年下來都可以省一個寒假了

她聽後
說：我知道，但要給我時間

嗯
合理

欲望之舞

從世人對已婚男女外遇的容忍差距就可知道
男女要平等還有一大段路要走

兒子握拿著媽媽的手機面無表情的站在路邊
她剛從一家幫客人畫畫像的店裡走出來
她高興的拿著畫招搖著
「拿去！」兒子讓她看自己手機上的簡訊

「寶貝，後天回來快來見我，我想妳……」
她不敢再往下看
這是她的情人傳來的情話
是她的國標舞老師

兒子在第一時間就跟爸爸說了
但爸爸跟兒子說：「不要誤會你媽媽。」
兒子因此更心疼爸爸
他幾乎是瘋掉的吼叫著：「妳很賤！」

然後她一個人呆立在路中央
左右兩旁的人
不管是正面背面都跟她無關

所以她毫無所謂的哭了

她哭孩子對她不公平
五年前老公外遇
外面那個狐狸精還打電話到家裡來
沒看過兒子生什麼氣

她哭老公對她不仁慈
四年前她就想離婚了
但老公覺得他不想辛苦了一輩子連家都保不住
所以只要保有這個家
她外面要是有男人
沒人知道他也不想知道
老公該幫她跟兒子說出真相的
這話她想說兒子也不給她說話的機會了

她還哭老天對她不人道
為什麼要讓她生在這個到死還要做媽媽的人世來
如果可以
她一點都不想跟孩子解釋
她的感情跟他的感受有何干係
兒子也管太多了吧

只是
她還是心虛的想起

兒子小時候也常受她那種氣
比如她會對六歲的兒子說：「你從樓上跳下去啊！」
沒說是為什麼跳樓
只是見他整碗飯沒吃半口就怒火瞬間引爆
那時他應該也是莫名其妙吧

想到這裡她的情緒才稍稍緩解
她無權要兒子體諒她的狀態
畢竟她從未讓他知道真相
一個受傳統價值觀二十年洗禮的人怎麼看她的劈腿
尤其她還是他的媽媽
媽媽劈腿真是個時髦的話題
這會激出這個社會想從女人的不忠殺出多少怒氣
從世人對已婚男女外遇的容忍差距就可知道
男女要平等還有一大段路要走

再怎麼千頭萬緒
她還是要打起精神去找兒子
她的態度一定要很堅定
所以她得跟他老老實實說清楚
就算他現在只有十歲
她還是會盡量以他能懂的語言跟他說
很多父母自以為在保護孩子而說的謊大都不是為了孩子
根本就是因為不敢說

她跨出第一步時才發現
畫像還在她手中
剛才在店裡畫師就問她想要什麼情境
她說她想要跳舞的感覺
所以畫裡的她跳著舞
裙襬轉起了圈
好像在跟看畫的人說：我要去找我的舞伴了！

MOM
39

媽媽的娛樂

只有能達放鬆效果的娛樂才具有意義
只有懂得娛樂之重要的媽媽才能給孩子健康的示範

沒有娛樂
就表示妳放棄娛樂
就表示妳不重視娛樂
或者是說妳把當媽媽想成是妳的娛樂

不懂
關心一個人關心到把整個人生都跟孩子黏在一起的邏輯
這娛樂的部分在哪裡

妳會注意孩子的身心要平衡
除了補習英語還讓他去學他喜歡的武術
妳會重視孩子的德育發展
所以妳幫他報名社區服務隊
但妳的平衡呢

忙到連娛樂都要犧牲的媽媽到底在忙什麼
不知道要休息的生活是不是一種心理病態
妳以為有了孩子後的不看電影不聽音樂是常態嗎

妳以為妳還要跟古人一樣過一個慘兮兮的偉人生活嗎
有個可憐的母親就表示很有可能有個可憐的孩子
這個可憐不一定是吃不飽穿不暖
更有可能是兩個都因太多補習而變得太忙

怕輸
可能是這一切如此迫不及待的原因

怕一天不努力
就會養成懈怠
怕一次不緊張
就會前功盡棄

就算妳還是想把帶孩子當作妳畢生的娛樂
妳有沒有想過妳跟孩子間
和樂相處和大吼大叫的時間兩者的比例嗎
會不會妳和孩子的前半生的關係就是大火快炒
然後接下來的後半生因為全身多處燙傷而冷淡
過度介入別人的人生本來就吃力不討好
要想把孩子變成妳的娛樂
妳就不能跟孩子太多交集
不然擦槍走火的機會會比水乳交融多很多
最怕一種媽媽
把自己的娛樂和孩子的娛樂綁一起
例如一起去打網球

一起去爬山
一起去露營
妳不覺得這些活動對妳其實是一項工作
根本談不上放鬆
就算妳不在乎生命中有沒有娛樂這檔事
妳也該想想孩子可能需要一段沒有妳的計畫的生活

只有能達放鬆效果的娛樂才具有意義
只有懂得娛樂之重要的媽媽才能給孩子健康的示範
沒有娛樂的生活就是偏食的人生
就是一座城市沒有霓虹燈
就是奔馳的馬車關上窗戶

可見你已把她訓練成寵物

雖然處境悽慘

但也習慣有你作伴

領養

所謂無私的愛　不是給予　而是感受
所謂母親的愛　不是教育　而是孕育

為什麼越先進的國家
越是熱衷領養孩子呢

每次在機場或觀光景點很容易看到
白人夫妻抱著黑人小孩
或是黑人夫妻帶著黃種小孩在餐廳用餐
看在多數中國人的眼裡就會疑惑
為什麼不自己生小孩呢
那些夫妻很多都有生孩子的能力啊
他們不是因為不孕才領養
那是為了什麼呢

其實領養在中國的歷史上也是源遠流長
但心態卻大不同
中國人的領養
能正大光明跟人說這孩子是領養的
就算妳對這孩子沒有貶低的意思
光是「養子」這個養字就讓孩子在外頭低了一截

可見中國人在這事上是還未開化的區域
未開化的區域的人的價值觀就是
所有的努力都是以自己的收入作為考慮
沒有世界觀　只有家庭觀
這樣的人也都把家人當作財產關係看待
所以會有童養媳的稱號出現
就是把孩子當奴隸
她們是有義務的被領養
想想這跟買了一隻雞然後讓牠為妳生蛋
最後再變成桌上佳餚有什麼兩樣

領養這件事在東方國家也是黑幕重重
有些領養家庭在領養之前是因為不孕或生不出兒子或想
要個女兒
但事後也有意外的生了孩子或生了兒子的
這家庭就產生了新的矛盾
這矛盾是自己的孩子不甘心讓一個外來者來分他的財產
另一個是這個被領養的孩子擔心自己的地位不保而焦慮
從此衍生出的心機與衝突不斷
從小到大怎麼分配都不能公平的尷尬
語言中不自覺透露的偏見埋下惡因
財產的爭奪　對人的尊重　兩套標準的教養
這都是不把人當人會有的心態
不知這不是養寵物
不知這些種下的惡因最後產生的惡果都是妳要吞下的嗎

166

人都想把自己心中無處可投的愛散播出去
卻無法慷慨的把愛給需要但不討自己歡喜的人
於是他先想的是
怎麼用錢或其他可誘人的條件
來找到一位可以任他操控的人
孩子最終成了首選
因為孩子·至少在最初十年還是比較好掌握和忠心的

這樣狹隘的目的
還要妄想孩子長大能照料他至老
有可能嗎

歐美人民之所以願意領養孩子
之所以在自己有了孩子後還要領養孩子
那是因為他們把領養當成是自己要登上人生更高境界的
義務
領養
不是要有什麼實質的回收
而是想減輕這世界的負擔
讓那些缺乏人照顧的孩子有了棲心之地

很多東方人在生了自己無法養育卻得給別人照顧的孩子
他們心裡的第一志願就是希望孩子給歐美國籍的人領養
這是誰都不必想太多就能有的選擇

因為他們比東方人懂得教育和尊重人

東方人在教養孩子上有很多傳統的醜陋私心
不僅會對別人的小孩這樣
有時也會對自己親生的小孩痛下毒手
重男輕女不就是很殘忍的例子嗎

做不到尊重
妳就做不成母親
因為母親這個面具
是很容易用錢買到的
用愛勾引的
用慈善的光環照耀給世人看的
但僅僅這樣並不能得到孩子心中的明鏡
甚至可能變成妳和孩子之間鏡裡鏡外的證據

所謂無私的愛
不是給予
而是感受
所謂母親的愛
不是教育
而是孕育
母愛應該像地球的森林
保住綠色的命脈提供呼吸
而不是為孩子買車子建大樓

這是一種持平的心
這不是有得失的欲
我們是今生之旅的同行者
不是冠上我們的姓的商品

MOM
41

擔心不一定是愛

別當超人媽媽　這樣孩子在學校會被歸為異類

每個媽媽在擔心孩子任何事之前
可不可以先想想
同樣一件事
如果妳是女兒
妳會希望妳媽媽怎麼做

擔心她晚上回家被綁架
擔心談戀愛被占便宜
擔心交到壞朋友
擔心孩子忘了帶便當
擔心受涼
擔心有很大部分是過度擔心
尤其是孩子的很多第一次
第一次出遠門
第一次上學
第一次游泳
第一次露營
第一次讓妳更有理由大聲提醒

所以就不斷的打電話查勤
嚴格的列出注意事項
叮嚀總是牽腸掛肚
這樣的擔心透露的是妳從沒覺得妳的孩子能夠獨立

不要孩子還沒嘗到食物
就恐嚇說那東西很難吃
不能尊重孩子的品嘗權利
孩子就會失去發現味道的驚喜

不要孩子還沒開始戀愛
就評斷說那個人不及格
妳會說隔壁的誰就是這個樣
結果呢
妳可能還會用寬宏大量的嘴臉要孩子警惕

過度的擔心
最可怕在於它的正當性和不知節制
一切的擔心都起因於過度的關心
幻想各種恐怖的情境
冷血兇殘的綁架　泯滅人性的強姦
五馬分屍的車禍　想要跳樓的情關
一點點風吹草動疑慮不安
都可以讓媽媽穿上制服親上火線
永遠不退休的媽媽超人出現了

就算要下油鍋上刀山都不怕的人物出場了
媽媽超人第一時間只想知道一件事
孩子安全嗎
孩子沒事嗎
其實超人比一般人要單純（也可以說是愚蠢）
她救人
是因為她愛上那個人

不然我們這個社會哪容得下一個懂得人情世故的超人
看過超人的愛情故事嗎
儘管超人飛得多快他還是無法趕上女友的舞臺劇演出
因為人的悲喜是命運掌控的
不是超人的焦急

如果妳的孩子
能跟大多數的孩子一樣
擁有一個沒有超能力的媽媽

讓妳的孩子有一段時間沒有妳
妳知道這代表什麼意義嗎
代表妳的孩子在沒有妳在的世界裡能否不靠妳而獨立

妳明明知道孩子一定能獨立
可妳的擔心病會再推出新而有理的擔心
未雨綢繆和過度妄想是同一軌道的不同站

發高燒也是從低燒慢慢往上燒的

所以
別當超人媽媽
這樣孩子在學校會被歸為異類
原來超人一旦是個媽媽就會只服務自己的小孩
讓其他小孩抱怨不公平

媽媽的剪刀

要和孩子做朋友　妳就得像個朋友
不能對朋友做的事妳都不能做

媽媽拿著剪刀當著左右鄰居的面一刀將女兒的頭髮剪下
她恨女兒那頭金髮　恨女兒那些耳洞　恨女兒那個態度
恨讓這個媽媽完全失控
她說：我為何會生出妳這樣的孩子？

女兒沒有說話也沒有反抗
她的眼淚大都往心裡流
頭髮剪成了什麼樣兒
面對人生的魔鏡
她問：我是全世界最不幸的女孩嗎？

這個世界上百分之九十九的媽媽都不是專業的教育者
但她們都很用力的教育著孩子
她們可能比孩子更分不清加諸在孩子身上的關愛其實充
滿雜質
可能還有對丈夫的埋怨
對整理家庭的煩躁
對自我人生的空虛感

對一直在變化的孩子不知所措
最重要的
她們都忘了在她們還是孩子時對母親的反叛

爸爸看到這一幕
心裡甚是複雜
該去護著女兒的自尊心還是加入媽媽的陣營
該是指責媽媽的衝動或是幫媽媽找一個樹蔭
在管束孩子從來沒有什麼說話的餘地的男人
深深知道這時的介入得要小心
因為太太可能會跟他說：那你來教！
或者看著孩子對他失望的眼神

三個人的心
一下被剪得支離破碎
淌著的血都是濃濃的愛釀成的
那些散了一地的髮絲
是再也接不回去的昨天

然後所有的恩怨沒有人會消化
也許大家仍能在數小時後回到飯桌上
圍一個形式上的圈
圈圈裡
上了滿滿食不出味的晚餐

大多數人都有跟媽媽長期相處的經驗
媽媽的辛苦為何老是換來孩子的叛逆
這問題不思考媽媽就永難脫離這魔咒
是不懂方法呢還是從來不重視方法
是不懂尊重呢還是從來不知道尊重
是負擔太重呢還是媽媽就是要全權掌握
母愛總是給人絕對的尊貴
不能懷疑　不能批評　不能放下
所以導致很多媽媽以為越用力愛越偉大

分寸的拿捏
高高在上的嘴臉如何調到溫和的平等
真正的教育是引發受教育者的興趣而非強壓
多了解孩子的動機比對孩子的行為批判來得重要
尤其妳的批判已陳舊過時

要和孩子做朋友
妳就得像個朋友
不能對朋友做的事妳都不能做
不然妳就不是在做朋友

多年之後
這女兒在一次受訪時談到這段往事
女兒一再強調她仍深愛著媽媽
只是絕不會像她媽媽那樣對自己的孩子

但真的是這樣嗎
所有的受害者其實都是新的加害者
因為人最受刺激的反射動作來自最深的記憶
如果可以
就說出道歉
就該讓那些粗暴的愛說出悔改

MOM
43

追求幸福

再淒美的情歌對我都是現實的貧困
我不知愛情的憧憬對人有什麼保護

別的媽媽會的手藝
我很少做
煮飯　洗衣　打掃　相夫　教子
我沒一項認真做過
應該說我無心做

丈夫在臨盆前外遇
孩子出世第三天他才不知情的回來
我懷疑我的絕望加上產後憂鬱
讓我不斷靠安眠藥入睡
不斷昏睡　不想清醒
我不確定我是否服用過量
我只知有時孩子的爸爸搖晃著我
醒來時我在醫院
再醒時我已在家
生命恍如夢境
我婆婆見我時沒安慰我
同為女人　她更知怎麼傷害女人

她說：想死，就死在外頭

至此　這家少有光亮
租來的屋子漏水造成的牆壁斑駁
因黑暗而不那麼明顯
我與丈夫漸行漸遠
但婚約變成一條狗鍊
他也樂當一條狗
家是他偶爾想起可回的窩

我寫歌但不寫詞
一如我的人生無字想訴
當歌變成流行歌手的主打歌在電臺播出
我只想這首歌又可換女兒渴望的尿片
下幾個月的房租
再淒美的情歌對我都是現實的貧困
我不知愛情的憧憬對人有什麼保護

女兒四歲起
我開始有個夢想
買個有尖屋頂的歐式小屋
童話般的樣品
最好在偏遠的山區
丈夫對家持續沒有發言
對女兒也無付出

我想　故事裡沒有對白
可能在暗示我免於爭執
也可能是他和我相互的報復

我的歌越寫越多
也越來越多收入
我發現我得到了一座屋頂
然後走近看到了院子
走進摸到了門把
坐下我變成了沙發裡的婦人

我終於走進了我的童話
得到我要的幸福
丈夫也住在裡面
這十年一過他也學了人話
只見他和女兒越有交談
我也長了白髮
童話的不可思議處
就在這點
話與髮的白色暗喻

回春

很多媽媽給意見都是從害怕的角度給的　而不是從問題的本身

有個媽媽問我:「我的兒子才十五歲,有女朋友了,那
天他跟我說,要我別期望他生孩子,他不想生孩子。」
我說我的建議如下

以後凡是聽到孩子跟妳表達他的想法時
第一句要回答的話是:有趣,多講一些,我想聽聽你的
論點。
不要還沒聽清楚內容
不要光是一個表面跟妳不同的價值觀妳就批評或反對
沒有耐性聽別人完整的想法就丟出評論
是不夠格給人意見的

他跟妳想法不同並不表示他就是錯
妳反而要想想會不會那就是他們的未來
以前的人根本不許婚前有性行為
但現在卻建議先同居試婚
人類的歷史是不斷進步的
所以代表我們的想法不一定都能被孩子這一代保留下來

況且妳的想法也許該有改善的空間
趁機讓孩子聽聽妳的想法提出疑問也不錯啊
沒有這種平等尊重的態度
妳就不能讓孩子對妳打開心門

然後媽媽又問：不要給他們意見嗎？

一直想給孩子意見這件事可以來討論一下
妳確定妳的意見都是對的嗎
還是妳一向都把孩子調整到跟妳一樣的觀點
妳會在提出意見後補上一句「那是我的想法，你可以幫
我想想哪裡有問題」嗎
或是提醒他們也許他們可以想出更好的方法
不要把給意見當作是妳的責任
一個負責任的意見要很小心的
這如同醫生開藥方給病人
錯了會要人命
思想的藥方有時比要人命還可怕
可能會變成為危害世人的思想傳染病

所以能不給意見就不要給
就算要給也不要憑直覺給
畢竟在很多事情上妳並非專家
何不養成大家一起來想辦法的習慣

最好能花點時間深入思考和搜集資訊
妳又不是萬事通
一旦給了錯誤的意見怎辦

很多媽媽給意見都是從害怕的角度給的
而不是從問題的本身
比如孩子跟妳說他不想生孩子
妳就怕他是不是交到壞朋友了
所以妳可能就會說：這是不負責任喔！
於是一個可怕的戰爭就要開展
妳的孩子可能因此在心裡跟妳說：又來了！
他曾認定妳總是帶著不信任的心態在聽他說話
生孩子才需要負責
不生跟負責有什麼關係
或者是妳認為跟女性交往沒有結婚是不負責的
或是妳真正的問題是妳一定要他傳宗接代
而這也是他會跟妳說不生孩子的原因
他早就知道大部分的媽媽不但都要孩子結婚生子
而且還不管孩子的意願和能力
這才是真的不負責

如果妳每次聽孩子的談話都是這個樣子
妳漸漸就會聽不到他的心裡話

最後我又提醒這位媽媽

不傾聽孩子的聲音的人
一直想給孩子導正的人
最後不但會失去孩子對妳的尊重
還有可能失去「回春」的禮物
因為能跟孩子站在一起想事情的人才有回春的可能
妳會跟他們一起看電影　聽音樂　談心
妳會把妳老掉牙的過時習慣放掉
妳會跟他們嘗試新的網路遊戲
妳不會因為不加入他們而阻止他們

教育的最後旅程
會回到妳跟孩子學習才真的圓滿
這表示他因妳而成熟了
妳因他的成熟而回春

溺愛

怕孩子受傷　孩子就會禁不起受傷
怕孩子肚子餓　孩子就有可能不知飽的可貴

怎樣才叫溺愛
就是愛變成水　不停的加水最後可能把對方淹死

有位奶奶被自己的溺愛的長孫活活打死
奶奶死前這長孫還不准剛放學回家的弟弟進門
他笑著跟在門外的弟弟說：「你先到外面玩，一小時後
再回來，我要跟奶奶玩一個可怕的遊戲。」

案發後鄰居接受媒體訪問時說
這位長孫已不是第一次打奶奶了
只是每次都是奶奶向警察求情
奶奶溺愛他是有長久的歷史的
還不能騎乘機車的國中生奶奶就買了車給長孫
高中時迷上電玩　要多少錢就給多少錢的結果就是不給他
錢就毆打奶奶
這新聞讓我想到人究竟是什麼原因
讓自己以魔鬼的身分去傷害一直溺愛我們的人呢
被溺愛不是很好嗎

怎會有那麼大的反彈呢

想像一下
會溺愛孩子的人可能有幾種行為思想
像是對人不公平
明明是孩子偷了別人的東西
這大人可能會護著孩子說：「這東西賠他們就是了！」
明明是孩子惡意打人
大人只關心孩子有無受傷　沒想知道事情的真相
孩子在很小的時候對於這樣的溺愛第一個反應是
「怎會跟我理解的外界規則那麼不一樣啊？」
他會想知道這尺度能寬到什麼地步
於是他會繼續挑戰界限
反正怎麼做都沒錯
他一方面滿足於有人這麼無法無天的罩著他
一方面也看不起這個罩他的人
因為再壞的人還是有能力分辨好人和壞人的

他犯再大的錯
但他的經驗裡奶奶一直說他沒錯
這是誰給他的錯亂呢
他在他二十多年的成長歲月裡
他可能被教育著想買車就買車
若違規被抓到　罰錢就好
想打人就打人　被起訴的話可以賠錢了事

但也有奶奶搞不定的事
那些搞不定的事會讓他這個兒皇帝顏面無光
甚至跪地求饒
被溺愛的孩子的個性遲早會走到這下場
這樣的處世標準
太不同於社會上其他人
因為他們除了吠並不能咬所以是大家最看不起的那種人

回家只好發洩在這個溺愛他的人身上
因為全世界只有這個人會鳥他的脾氣

這則新聞後續報導奶奶遭受虐打的消息
檢方和法醫勘驗顯示
死者遍體鱗傷肝破裂頸椎斷裂臉部多處瘀傷
生前甚至受過猥褻
一個偏差的價值觀在多年後可以讓一個普通的孩子變成
沒有人性的魔鬼
不是很可怕嗎
從愛延伸出來的溺愛
如 此 不 可 思 議

怕孩子受傷
孩子就會禁不起受傷
怕孩子肚子餓
孩子就有可能不知飽的可貴

怕孩子受氣
他的抗壓性就會低
怕孩子辛苦
他就嘗不到人生任何滋味

怕
的心態有可能是
想
想為他完成和決定任何事卻不知怎麼冠冕堂皇

這個長孫其實也是個受害者
你要想想是怎樣的觀念讓這孩子對奶奶下如此毒手而毫
無自覺
或許他看到了我們看不到的畫面
或許他在出手時心裡有可能同時在吶喊
「我在消滅一個可怕的魔鬼！」

去殺一個長期溺愛你的人是因為他是天生的壞胚子嗎
會不會是愛本來傷人就多過於助人
會不會他也長期在這樣的幻覺裡痛苦著
他有一個於社會不容的價值觀附身在他的身上
他一碰壁
他就只能逃回家轉而憤怒
那種錯亂
形同一種精神性的監禁

這是一場典型的愛的悲劇
想要過度占有一個人
不自覺的包庇和說謊
不自覺的依賴和衝突
仗著人們對愛的盲目好感
以愛之名
侵汝之心
不知悔恨
形同毒蟲

媽媽可以到哪裡求救？

在臺灣　當妳遇到婚姻家暴等問題　詢問與求助窗口請參考：

一、內政部求助專線——全國最大、最多的網路系統

◆**113 保護專線**

此專線可先整合心理與問題需求

比110警政專線多了專業與社工陪伴

◆**110 警政系統**

有立即人身安全、立即危險的

二、民間單位

◆**現代婦女基金會** TEL:02-23917133

法律諮商免費（可全省）

著重在教育跟法律協助諮詢

設有法院臨櫃服務

全部落實一對一服務

◆**勵馨基金會** TEL:02-89118595

目睹暴力孩童（性侵害防治）

中高齡家暴婦女就業（二度就業安置）

◆**天主善牧基金會（婦幼庇護所）** TEL:02-23815402

針對家暴庇護安置

並藉由法律及心理諮商等各種服務

幫助婦幼重返社會和家庭

◆**婦女新知基金會** TEL:02-25028715

針對婚姻與家庭問題

提供法律諮詢服務

三、其他可能面臨需求協助問題：

◆**親子關係協助**

關於親子關係協助與單親教育問題等諮詢

a 財團法人人本教育文教基金會諮詢專線

TEL:02-23623645

http://hef.yam.org.tw/index01.html

b 呂旭立基金會（可上網查看求助中心介紹）

http://www.shiuhli.org.tw/counseling/index.html

◆**失業與就業問題求助**

財團法人彭婉如文教基金會 TEL: 02-2521-6196

http://www.pwr.org.tw/index.aspx

◆**心理方面問題**

a. 生命線 1995

如面臨各種壓力與更年期等有立即危險、自殺等

b. 張老師 1980

其他心理等問題諮詢

c. 各縣市社區心理中心

有專業醫師進駐

可一對一掛號諮詢

四、法律問題需諮詢時的免費窗口：

◆法律扶助基金會 TEL:02-2322-5255

以服務弱勢族群為主

◆臺北市政府設立的聯合法律諮詢 TEL:02-27256168

採預約制

不限臺北市民為服務對象

◆臺大法律系學生免費諮詢專線

TEL:02-2351-9641 #267

採面談方式

MOM
47

育嬰房
他們的無邪　如何持續下去

墨西哥某度假小民宿
裡頭住著身分特殊的旅客
她們都是來等待領養小孩的美國女人
她們都是走黑市路線
民宿老闆娘是仲介
與官員勾結
民宿清潔員是未婚懷孕的產後留下工作的未成年女孩

生活窮困
當地街上有許多流浪兒
行乞　吸毒　偷竊
幾個不到十歲的小孩自成團體相依為命
晚上露宿沙灘
吸強力膠仰望星光
他們的父母大都和他們一樣
不到三十就因吸毒過量而亡

渴望有孩子卻生不出孩子的憂鬱美國女人

未成年但要撫養三個弟妹卻懷孕的少女
無家可歸的孩子與貪得無厭的政客與掮客
交織出不斷纏住人性死屍的蜘蛛網
等待愛人　等待被愛
在這看似度假的海邊
每個人還要裝出度假的樣子
清潔員生下孩子後立刻失去的哀傷
期待當母親卻不斷被坑錢的掙扎
流落街頭卻無人照顧的孩子小偷
到底老天是用什麼心腸安排命運
育嬰房裡
一群天真可愛的各色膚種嬰孩

他們的無邪
如何持續下去

這部美方製作背景在墨西哥的電影
揭露了一大群被父母遺棄的街童
他們和全世界的街童一樣命運未卜
路人都會是他們的貴人或敵人
比流浪狗還要流浪的人生
可見會生孩子的媽媽犯了遺棄罪
並創造了真人真事的悲慘故事

MOM
48

教女兒作文

寫作文是要表達自己的想法　不是寫別人想聽的話

女兒小學二年級
剛會一些文字
有許多字還是注音
我不在乎她拿幾分
她寫的作文
我一看
果然是老師和我太太教導下的成果
我跟她說
寫作文是要表達自己的想法
不是寫別人想聽的話

我翻了她寫的我的媽媽
我問她
媽媽是妳所寫的那個人嗎
她說　不知道
我說　不知道就是不是

我要她把對媽媽的印象

一件件寫下
好的壞的都寫
結果她寫我太太脾氣急
愛打掃有潔癖等等　一連寫了十個
最後我問她
有那麼多缺點的媽媽是怎樣的媽媽
她說一百分
我告訴她
這就是好文章
因為妳寫的都是妳真的覺得的

我身邊許多人
寫個東西就頭疼
即使已當企畫也一樣
我覺得這就是一種對自己的感覺喪失信心
寫　重要是表達
最笨的寫法
就是我手寫我口
願意寫　勤寫後
就能寫出一些不同的技法
對於那些不寫怕寫的人
我想告訴你們
你不只廢了你手
也關閉你的心

當警察局來電，妳的孩子……

每次我一讓妳失望　妳就對我擺出無能為力的表情

我看到警察拿起電話
一個一個打
然後
我聽到他跟妳往父談
警察要妳來警局一趟
當然是跟我有關的事

妳不是第一次接到這種電話了
所以妳沒像其他人的父母那麼焦急的趕來
那些先趕來的家長
罵的罵　哭的哭　急的急　悶的悶　慌的慌
不知該怎麼辦的
一直想要怎麼辦的
哪個家長會希望有個會鬧到警局的未成年孩子
所以他們大都飽受驚嚇
他們絕望的心情伴隨著不想絕望的矛盾
這些滿臉撕裂的苦痛激發出他們原來也有未成年的另一面

這一面是

有的爸爸一來就衝上去要扁孩子

有的媽媽不分青紅皂白就哭著跪請警察放人

有的父母在警局大吵怪罪著對方

有的沒有來

有的找了親戚來

有的冷淡著表情一如陌生的路人

有的像慈善集團那種不管別人聽不聽不喘的傳教

這一面在人生大部分的場合裡是不易見到的

更難得的是他們竟然湊在一塊

卻無心去觀看別人的表演

當然

我們這些孩子不是一天養成的

我們的改變為何父母都看不見

上一次是打群架

這一次是爭風吃醋

下一次呢

妳應該會說沒有下一次了

下一次就是恩斷義絕的時候

可我沒有請妳來啊

是警察請妳來的

妳以為一個孩子想頂撞父母一次就會成功嗎

他天生膽子就那麼大嗎

他為什麼不過只要乖乖的就有平靜生活可過的日子
為什麼別的孩子不會鬧到警局
什麼時候開始不在乎爸媽到警局來贖人
什麼時候
會不會是決定不想跟父母再假裝下去的時候

不想再假裝沒意見
我身邊的小莫的爸媽都是現代的孟嘗君
從小到大一堆拍爸媽馬屁的人在家自由大量出入
這些米蟲都是吃裡扒外的
他搜集了他在外面聽到一些事
他提醒了爸媽
爸媽卻把這事抖出來要他跟那米蟲道歉
從那天開始他就認定他爸媽愛面子勝過全世界
他只是他們可用來展示他們供得起的高教育費的模特兒

當然
你也可以去聽聽小莫爸媽的說詞
他們鐵定是一個完全相反的情節
這件事信不信小莫說的話不是重點
重點是他們怎麼可以對自己的孩子做這麼羞辱人的行為
趁機證明他們可以罩這些米蟲到什麼地步嗎
外面的世界聽到的道理是越有實力的人越懂得低調
可在他們家裡小莫看到的是一方不停炫耀
一方不停讚嘆的絕配

在外用餐他們總愛小莫拿一大疊千元大鈔去結帳
小莫從小學一年級起就會埋單了

至於今天一起被逮的其他人
我都不太熟
我們是因為肥龍的大哥的店開幕而來的
肥龍的媽媽是第二個到警局的人
她不苟言笑不置一詞就把交保的事項辦完了
肥龍的媽媽就曾跟他說
肥龍的命就是要走黑道一途
他媽很迷信
既然是要幹黑道
來警局就是正途
所以當我看到他媽那一表正經
那笑點真有夠賤

說到笑點
我不得不介紹一下今天唯一的女賓巧克力
但她可一點都不黑
這名字是為了紀念她死去的初戀情人而取的
然而她的初戀情人只是失聯
她就是那麼夢幻的人
她的媽媽卻是跟她一模一樣的夢幻
粉紅色的人和狗一進警局就掀起高潮
她媽媽說：寶貝，妳給我太重的負荷了！

然後廳裡警察慢慢一傳十傳百的全到齊了
這位穿著低胸貼身的粉紅辣媽最後說：真的給各位添麻
煩了。
她擅長鞠躬很有誠意的讓大家有目共睹

感受到了嗎
我說的
那麼不一樣的父母
當然就會有問題差不多的孩子

當然在我這年紀沒有什麼實力可以這麼說
還好妳來了
我的媽媽
妳的開場白就是給我一槍刀片一般的銳利眼神
我最不解我跟妳什麼深仇大恨
從小妳只要不耐煩就會給我這個眼神
我在心裡暗罵道：沒教養！
但妳不會聽到
永遠不會聽到
永遠妳都會納悶為什麼有這種孩子
為什麼她的孩子總是跟她作對
這讓我想起我的死黨阿邱
阿邱一直到長大成人才知道自己是過動兒而不是調皮
他歷經二十年被誤解和被延誤就醫的痛苦誰關心呢
這樣的比擬妳當然不會服氣

但我要講的是我們之間的問題
不管是什麼問題
不管是妳或我造成的
歷史太久恩怨太深
妳若不想解決和面對妳大可跟我說清楚

每次我一讓妳失望
妳就對我擺出無能為力的表情
像妳對爸爸的慣常反應
真的不想繼續
何不放過彼此好好愛妳自己
我們不必當敵人
至少可以作朋友

從來不給自己退路又不准別人有退路的結果
就是妳會跟其他不知怎麼辦的父母聚集在警局
在警員的面前
辦著世俗的手續
領回妳不想領回的孩子

武器

最令人心灰意冷的就是那種拿自己的性命來威脅你的媽媽

某藝人為了要某企業老闆負責
希望能讓私生子認祖歸宗
所以她帶著十四歲未成年的孩子
照她和律師合擬的劇本
教孩子在媒體面前痛批自己的父親

隔壁的大嬸
為了抓姦
半夜連同警察去汽車旅館拍照
事後丈夫堅持離婚
為了粉碎丈夫在孩子心中的印象
她竟把抓姦拍到的照片給孩子看

半夜的酒吧裡
一桌桌喝得差不多的酒客
有個孩子過來兜售鮮花
一旁媽媽趁機偷取客人的財物被抓到
不管是為了什麼困難

這媽媽讓孩子成了共謀的幫凶

帶著孩子跪在人來人往的路上行乞
藉著孩子純真的外表讓孩子藏毒闖關
挾持孩子跟前夫打官司
這些讓孩子捲進父母恩怨或困境的事件
每天在世界各地密集上演
旁人沒上前替孩子說句公道話
就在於大家給「家」太神聖的地位
大家都不敢質疑父母對孩子的關愛
以致這些孩子非得要鬧出人命來才會有人聞問
記得幾年前馬英九任職臺北市市長時的女童人球案嗎
馬英九一直到數天後才在輿論壓力下去探視已重度昏迷
的女童
從這麼作秀的行程便知
即使感覺較愛民的政治人物對此也把它當作是個不得不
的行程

在愛情裡
也經常看見拿愛當武器的場面
為了贍養費不准另一半看孩子
跟孩子說另一半的壞話並讓他跟妳一起計畫報復
當妳脫口而出：你跟你爸爸一個樣時
妳已不符當一個精神正常的母親了
妳以為這只是情緒的排解而已嗎

這句話其實撕裂的不是妳的孩子和妳的老公的關係
是撕裂孩子對妳的印象
原來妳也是這樣的人
原來妳對家人是有很多抱怨
但妳為什麼不去解決呢
為什麼要像狗仔隊在背後偷拍再貼上一個結論性的標題
當妳把妳的孩子和妳老公歸為同一類
而且還是同一個罪行
最恐怖的是沒幾天妳跟妳老公又和好了
沒有任何解釋的鬧翻與和好
證明的是「媽媽的愛既不穩定也不誠實」

愛通常是這些事件會拿來用的武器
她們不一定會拿刀拿槍
愛這個武器有一種特色
它的殺傷力是一種壓力的合成
讓人接受了之後
不敢放掉又非常難受
不願明白又感受清楚
最主要的不是孩子沒有能力反抗
因為沒有人願意承認自己的媽媽是個魔鬼

最令人心灰意冷的就是那種
拿自己的性命來威脅你的媽媽
她不吃不喝有病也停止吃藥

這樣的媽媽通常是勝券在握的
她不信她的孩子不在乎
如果孩子真的超出想像的忤逆
她會立刻換一個腳本
總之她愛她的命絕對勝過愛她的孩子

一個會拿愛來當武器的媽媽
根本是披著媽媽皮囊的殺手

空巢期

時光飛逝　她變成了渴望孩子能跟她一輩子分享所有的母親

儘管離婚後她和兒子一年只相聚一個暑假
儘管他上大學後忙到連平常電話都不打了
那天兒子第一次帶女朋友來見她
晚餐上她看著兒子幫女朋友挾菜
心裡不由得不舒服起來
事後她跟同事說：「難道是我在吃味？他以前都會幫我
挾菜的！」

其實這個失落感不是第一次
兒子國二時就明白跟她說不要在街上牽他的手
他不想和媽媽一起去買菜
並請她以後進他房間前要敲門
那時她很明顯感受到兒子長大了
要跟她保持距離了
翅膀硬了
馬上就要高飛了

於是她想起產後憂鬱症

正是嬰兒脫離母體後的失落感
躺在床上坐月子的那個月
她常不自覺的流淚
那時她的閨中好友給了她一個說法：「叫空巢期。」
好友說了個故事
對於所有築巢的鳥兒來說巢是為了下一代築的
母鳥每天忙著捕食餵食幼鳥
一直到幼鳥長大脫離牠而獨立
那個巢也就功成身退
每個空巢都保留著生命共同體的回憶
那是牠此生最飽滿的幸福
因為牠付出的對象是個對牠全心依賴沒有質疑的生命
體驗過充滿變數風雨考驗的現實世界
明白成鳥心性的難以掌控
牠更加懷念起在那共處一巢的難得純淨

「所以說，我是在迷戀過去我和孩子的舊時光嗎？」她自
問。

和老公離婚十年了
由於兩個孩子歸有能力撫養他們的爸爸
這幾年前夫積極想修復兩人的關係
這兩年她回去兩次溫哥華和他們短暫居住
這個巢曾經是她一手打造布置的
她閉上眼睛就能看到聞到她當時在這屋裡買的花做的菜

沒有捨的回憶
沒有回去的勇氣
巢給人的意義
是飽滿和虛空搶占的地盤
越想靠近越發現人事已非
越是脫離越明白都在心裡

回想自己在青春時期亟欲離巢高飛的過往
她二十一歲就和前夫先斬後奏的在美國辦理結婚登記
媽媽在越洋電話那頭哭著跟她說：「妳大不孝！」
她那時只覺得這跟孝不孝順有什麼關係
她就是堅信父母根本不會讓她為自己的婚事作主才這麼
做的
時光飛逝
她變成了渴望孩子能跟她一輩子分享所有的母親
她常捕捉到孩子的女友對她刻意而防禦的笑容
是啊　昨天她也像她一樣
跟男友的媽媽相處總是倍感壓力
無心　無語　無力　無奈　無所謂　無邊……
加了一個「無」字
能量就增強
可見不求的力道

要不要跟前夫復合
她問過孩子

孩子的回答也讓她難受

他們的回答是：「只要妳開心就好，怎樣都行啊！」

她期望的答案不是這個

她有被冷落的傷心

沒有紅地毯她是不會回頭踏上那條老路的

然後友人告誡她這是一種病態

她回道：「如果有，我也是全天下病態的媽媽中其中一個。」

她的住家樓下的騎樓天花板上

幾乎家家都有燕子的巢

有些住滿了小燕子

有些是空的

她每次都盯著那些空巢發想

想起她的築巢經歷

想起那些風風雨雨

想起那些張大了嘴的小燕子對母燕的強大渴求

想起了青春老去

想起了老而將至

想起我們花了多少時間反省

想起我們在年輕時期對關心的煩躁

想起中年跟少年的多麼不同

想起媽媽把多少失落的期望從母愛中轉替

想

也許越想越亂

但

不想
就什麼都依舊

「好了，我想到一個辦法！」她跟友人說。

「什麼辦法？」

「我要跟我的孩子來一個 meeting，我要把我的症狀告訴
他們，要他們幫我想想辦法，如果我會吃醋，他們就避
免在我面前太親密，不要一下子嚇到我，幫助媽媽度過
空巢期。」

「很妙喔，這方法！」

「如果大多數的媽媽都可能會這樣，那就表示我不是少數
的病態，這是很普遍的狀態，我不必覺得丟臉，不必隱
藏啊！」

空的不是巢
是從懷裡掙脫的愛

星期六媽媽

相處的時間越長通常就會增加摩擦的機會
也不表示質量會比較好

湯太太有兩個孩子
我是她大兒子的家教老師
每週一三五放學後上課兩小時
她的小女兒還在讀幼兒園
偶爾會碰見
很大方又很有氣質的小女生

湯太太在政府機構擔任出納
湯先生做什麼我沒問過
但感覺是大主管級的派頭
有司機接送的
不過有件奇怪的事被我發現了

我發現她老公晚上都不住在她那兒
他也不是天天來
一週來個三四回
每次晚間十點前就離開
難道湯太太是湯先生偏房

另外小妹妹從小就住在保母家
一週只有週末回家過夜
而保母家也只在離家不到一千公尺處

合理的猜測是
湯太太是湯先生外頭的老二
大兒子和小女兒可能是不同的爸爸

不過我覺得這些都不干我的事
我只是在心裡將這當作是閒暇的猜謎遊戲
然而有一天答案揭曉了

那次是最後一次上課
因為我換了新工作
不能再教了
湯太太特地請我吃飯
難得的是湯先生也來了
教了近兩年的課
第一次跟他坐下來談話

湯先生果然是某學院的高層
因為母親生了慢性重病
這兩三年他每晚都回去照料母親
聽後我就說出之前我的疑慮

他們大笑道：「哈哈，你一定以為我們是不盡責的父母！」

我問小妹妹不會想住媽媽家嗎
她抿著嘴搖了搖頭：「兩邊我都喜歡啊！」
也許是傳統的家的框框把我框死了
我在之前怎會用那種心態來質疑她呢
我是在懷疑湯太太怎能花如此少的時間來陪伴孩子嗎
我是不是覺得孩子一定要跟母親住在一起
我是不是想問週日到週五她在做什麼
我憑什麼這麼想

如果星期六媽媽一週只花一天
就能讓孩子滿意關係品質良好
有什麼不可以
相處的時間越長通常就會增加摩擦的機會
也不表示質量會比較好
那又何必聽信傳統的習慣
多一點時間花在媽媽的私人身上不是壞事
它很可能是未來的趨勢
懂得用計畫來養育小孩
明白親子的關係重質不重量
爸爸不必然親自照顧孩子
媽媽也不必然
照顧孩子可以請專業人士分工

真正的好媽媽不一定要自己帶孩子
她會衡量輕重做最有利於孩子的選擇
一個把重心都放在孩子身上的媽媽
她最大的課題是
以後怎麼回應孩子：「妳怎麼都沒有屬於自己的生活？」
要說是為了孩子嗎
要說照顧孩子就是妳的生活嗎
這樣的生活算是獨立嗎

看著這麼不一樣的媽媽
就讓傳統的親子關係變成一種巫術
它將不這麼做的媽媽變成怪異的無情媽媽
而事實是
沒法讓家人各自獨立的能力
那些彼此綑綁的親情就不會有讓彼此自在伸展的空間

服務年代

女兒學校有一本年度大紀事　學校要我寫一篇文章
歷年來家長代表都寫得很雍容華貴　我寫了兩天終於完成

教育是一件很危險的事
如同在白布上繪圖
什麼對孩子才是必要的指導
什麼才是必要的練習
對與錯的判斷
分數的意義
領先或落後的經歷
是否同樣重要

我是從事音樂製作和行銷的人
有回我在一次學校演講中
就當著教育部部長和校長說：
「我們做唱片有一個寶貴的經驗，
那就是我們從不規定大家背歌詞練曲調，
也不會抽考月考期考，
更不會打罵，
若聽了不爽，
還可以笑著被怒罵。

很奇怪，反而讓他們願意自己心甘情願存錢去買，
買回拚命的聽，通告瘋狂的追，到老還忘不了。
反觀我們的學習，
壓力大，書包重，規定多，
畢業後學而不能致用已達一半以上，
這樣的失敗大家還不緊張嗎？」

在場就有老師反駁：「教育跟娛樂不同，不能併為一談。」
我說：「我第一份工作
是在漢聲出版社的少兒部擔任編輯，
那時我們編輯的方向，
就是要讓少兒讀者開心的讀。
不能讓讀者引起興趣，
一味冠上偉大的主題，
透過被我們洗腦過的父母強迫餵食，
那有什麼意義？
娛樂本來和教育就不同，
但方法可借用。」

我當然知道教育孩子是件很累人的工作
也知道要想一個好玩的方法可能會想破頭
但這卻是我們不能放棄的目標
讓我們生活更進步本就是教育的初衷
難道老師們都滿意現在的教學環境嗎
對校長沒怨言嗎？對教育部長無話要說嗎

如果教育部部長能給校長平等討論的空間
校長能讓老師暢所欲言
老師能給孩子說心裡話的雅量
這三者誰願意站在第一線

我覺得老師最能站在第一線
因為通常校長年紀大了
要他們接受這麼刺激的改變真的比較難
而通常能當上教育部部長的人基本已是政治人物
求人不如求己
再加上時代已到了服務年代
孩子和家長是消費者
讓消費者滿意本就有理
所以老師們
大膽拿出你們的熱情和創意
時代絕對會給你們記上一筆

消費者的概念不是狹隘的商業買賣
它代表的意義是認真負責的態度
一個成功的服務
不僅不用低姿態逢迎
還能得到崇高的尊重
像雲門舞集
就是重視觀眾的需求
以革新的做法

將已走入黃昏難以消化的現代舞
帶回主流

教育有一個很可怕的權杖
它常被許多教育者拿來號令被教育者
填鴨式　打罵　分數競爭　德體群被犧牲等等
這些霸權的酷法
只呈現教育者教法無方的真面目
擁有權力的人
大多數都會沉迷於玩弄權力
尤其是他們的對象是不太會爭取自己權益的孩童
有些人也許會為老師抱不平
而這些人很多數還是孩了的父母
為何會這樣
因為要孩子聽話要孩子功課好
一直是百年來所有大人最壞的教育標準

大人都知道
要大人聽話的前提
絕對要話有道理而這道理要能讓他們聽得懂
功課好若不能學以致用
這分數只是一種虛妄的符號
可是我們卻把這種不平強加在孩子身上

字寫錯
就罰寫二十遍
你想過這個方法背後代表什麼心態嗎
它代表
只求記住這個字
不求他記不住的原因
而且更不知罰是讓孩子對學習失去興趣的元凶

一個服務為出發點的教學和不以服務為教學的差別
就在服務為出發點的教學
被教育者不必要埋教育者的單
就像你去餐廳吃飯
不一定要吃餐廳老闆推出的菜
不好吃連進都可以不進
更別說老闆若給你一副不吃要處罰你的態度
那有人又會說
我們教育的對象是孩子
他們不嚴厲規定是不會聽話的
學生不會尊師重道
可是聞名世界的鼎泰豐餐廳有不被尊崇嗎
客人和想去上班的師傅還不是一個個搶著排隊
他們的品質規定絕對比學校還嚴
也不見誰不能忍受
因為在裡頭工作的員工知道他們在為什麼而磨練
客人也知道他們在為什麼排隊

鼎泰豐不會仗著大招牌不理客人的需求與疑問
他們就是靠好的服務成功的
這服務就是好吃　好招待　不斷求進步的公平標準
換成教育就是因材施教　學習開心　學以致用

以前的放牛班
壞在老師把無能為力教育的學生放在一起
並貼上標籤讓人取笑
這種態度
現在因為屬於違法
就隱匿成惡性補習或言語暴力
一個國小生上了一天課還要寫多少功課才夠呢
一個上了一天班的大人還要加多少班才夠呢

之前日本有一本暢銷書
叫《OFF 學》
它提倡一個概念
休息帶來的效率
如果上了一天班
還要加班才能把工作完成
那一定是工作安排出了問題
如果一項密集任務完成
不能有一個假期
這未實現的假期
將會變成債務向你追討

我們的教育讓我們的孩子壓力過重
當然也表示老師的壓力更大
這顯示我們有一個問題很大的教育制度
不懂得休息
不懂得有趣
不懂得學是為何
這一切都是累死將兵的無用之役

我以前的公司
就出過一套漢聲數學精選
內容用圖畫故事
簡而易懂的方法告訴我們
三角函數在生活中有什麼用處
你也可以自創數字等等
我們的教育最嚴重的問題
就在學習每樣東西前
完全無力也從不回答
為什麼要學這些東西
學了可以在生活中怎麼運用
甚至不准學生問
你說
這樣的學習怎會讓孩子信服
當然老師也很倒楣
因為今天的老師都是昨天的學生

教育這頂大帽子
功能可比陳哲男那頂遮羞的漁夫帽好用
它讓人無從反駁教育的陰沉面孔

好用是因為可以大聲的說
教育不能光靠老師
教育要有堅持立場
最重要是家庭教育

學校教育是專業教育
它沒有大到全面教育
專業教育不是家長或非專業所能取代
這界線分不清
就會有光靠老師不行的混淆說辭

教育若有立場
就是不指定學生學習方向
它只提供學習的方法和環境
就像學毛筆字
從臨摹開始
品味各大家
知悉歷史
最後由學生決定要不要深入
有學的功夫

他想涉入任何行業都能抓到訣竅

我的預測
未來的孩童教育
一定是國家來負擔
因為要靠父母真的靠不住
過度的關心和不關心一樣可怕

所以會像健保一樣
由國家出面統一負擔費用和制定辦法

我要強調老師與學生是共同體
一方不開心另一方也一定痛苦
以愛之名
很容易忽略被愛者真正的需求
以教育之名
很容易聽不進別人對教育的評論
而以服務之名
才能時時反省自己的方法是否要再改進

一個可愛的教育者
會像李安一樣
拍了一部戲
讓市場來考驗
沒有考試題

接受各方批評
認真回答提問
影響全世界
不說大道理
自有真道理

不一樣的媽媽

禁止　來自於害怕　害怕　來自於無知

這次談話性節目的議題是
「家中的女孩穿得像男孩　男孩打扮得像女孩」
現場分成兩邊
一邊是父母代表約有十二位
一邊是主題的孩子代表也約有十二位

孩子們都表現大方
能答應來上節目的孩子該都是在家掛牌的
也就是公開了
他們的共通立場有幾點
一是喜歡易裝是他們很想做的事不是病態
二是要父母接受自己的裝扮並不容易但不是不能
三是因為做不了父母期望的那種人勉強去做會帶來更多
問題
攝影機錄製著他們談話的表情
也拍下了父母隊的驚訝神色
不同的時代　不同的反應
盡量不設限表達自己的感受

於是有些媽媽就說她不會放棄扭轉孩子性向的努力
有些爸爸則直接說這樣會影響孩子在社會的競爭力

就在兩方毫無交集的當頭
有位媽媽舉手說她很希望是坐在孩子那一邊
因為她是男性

主持人這時特別介紹她的身分
「她」在三年前還是個爸爸
也是某女子的丈夫
「她」發現自己渴望成為女性的心願已強到不能克制
於是和太太表露實情
節目有一段是採訪「她」太太的訪問
這位太太說只要丈夫可以不離她不想離
因為除了這個問題
她覺得「她」是個很好的家人
從未對她粗言粗行
生活中的分工總是體貼賣力

主持人問及這位「媽媽」
在家也是這身打扮嗎
「她」說：「我在家還是以爸爸的身分出現，因為我不希
望混淆孩子心中爸爸的形象，最重要的是我不希望帶給
他們生活上的壓力，像是讓他們面對別人對我的閒言閒
語。」

眼見很多媽媽陸續點頭贊同「她」的態度
因為「她」有體諒不能接受這行徑的人的感受
孩子那隊也跟著鼓掌支持
可見大家不能互相包容的不是這行為
而是大家都太急著表達自己的立場
忽略在立場上為對方準備一張坐下會舒服的椅子

這樣的孩子在成長的過程中
一定非常辛苦和矛盾
是作自己好呢
還是別給家人帶來困擾
我們都知道孩子的未來一定是更開放持平的
一定會越來越尊重每個人的獨特性
但我們能跟得上時代的腳步嗎
父母是不是應該也要有學習的義務
不然怎麼敢這麼用力教育孩子

每個父母若能回想自己青春期和父母的種種歧見
那些分歧點出的正是兩代的背景和價值觀的不同
那時父母不許妳穿流行得一塌糊塗的迷你裙
現在妳可能看不慣孩子快蓋住眼睛的瀏海
那時父母不讓妳在學生時期聽流行歌曲
現在妳居然禁止孩子看電視新聞怕孩子被汙染心靈

禁止

來自於害怕
害怕
來自於無知
無知
來自於偏見
偏見
來自於優越感
所以妳也就沒有能力去將心比心

「她」的太太
雖然失去了一位實質的丈夫
卻也得到了一位體貼的知己
從她的語氣裡可以感受到她非常滿意這樣的丈夫
那些外表的衣物沒有變成障礙
也許所有女人心底期待的完美男性就是要這樣
有男性的憨厚　有女性的恆長　不一定要MAN了
但不能沒有尊重
在這個很不一樣的家裡
大家卻看到了真正體諒的愛的匯集

有些不能接受這些不男不女的穿著的媽媽
在節目的最後臉上的笑容明顯變鬆了
有位孩子也坦誠
要別人硬接受自己的樣子還真是強人所難
空氣中瀰漫著透明的水氣

感動來時世界就會變得圓潤
我們的眼睛也會濕潤
原來只有體諒能征服人類所有的歧見

英國媽媽的晚年親子計畫

沒給孩子牽掛沒給孩子負擔
就感受到自己會被尊重的指數大大提升

幾年前一則國際新聞報導
一位英國老媽媽在她六十五歲時
登了個廣告徵求義子
條件是一週至少陪她吃三次晚餐
一個月帶她出遊至少兩次
以及共度聖誕節大假期
在她有生的餘年
報酬是她會把她現在的不動產送給義子
意思是說若隔天她就去世
那這義子就有可能沒什麼付出就得到了

這是個好玩的遊戲
有獎品　有愛心　有平衡
獎品可依不同價值吸引不同族群
這個規則像玩彩票
大家期待著一個數字
只是期待的數字不是獎金不是號碼是時間
老太太活得越短他越早拿到這筆財產

至於平衡談的是供需問題
它創造就業機會並製造社會和諧
多一個老人受到照顧
多一個人得到工作
更有可能創造出一段變成真親情的佳話

這則新聞的新聞點還未道出
這樣的廣告在英國已普遍流行
它的點是在這老太太一共換了三個義子
因為前兩位都比她早死
老太太享年九十二

對這種晚年計畫贊同的可以一試
至少可以免除媽媽們晚年想跟孩子一起住的依賴
孩子不跟媽媽住不能想成是孩子不孝
應該讓他們這對年輕夫妻過一大段只有兩人的生活空間
誰不愛這樣的自在呢
除非妳生重病無法自理基本起居
但久病床前無孝子啊
在他們最忙碌的時期
再溫暖的關心不一定比得上專業人員的照料
所以這個仍可讓孩子探視的新晚年計畫
光想到自己的孩子來探望自己時
沒給孩子牽掛沒給孩子負擔
就感受到自己會被尊重的指數大大提升

晚年會孤單的人

就表示妳對晚年毫無計畫或是刻意想孤單

活了一輩子卻沒人可來往是不是要自我反省

如果一個人的晚年是想要和自己的孩子一起過

那要不要跟孩子明白的商量

妳難道會忘了妳在他這年紀

可能也忙到無暇顧及很多事

沒有計畫

就會充滿變化

沒有魅力

當然只能依賴

千辛萬苦全心把孩子拉拔到大

才發現孩子一旦長大獨立自己的心也空了

這是怎麼回事

可以責怪妳嗎

可以把妳以前教育孩子的話告訴妳嗎

要有自己的生活重心

生活要過得安穩

若要靠人照料

不如靠一個實在的養老計畫

人生要有人愛妳

必須要能可愛

當親人的貴賓最為風光
過了大半輩子緊緊相依的日子
也該到了隨意自在過的階段
會孝順妳的
證明妳命好
不會孝順妳的
妳一求
就成了遺憾

身教

所以請小心妳的言語妳的行為　千萬別太常表裡不一

▲模仿

模仿是人的本能
人都是靠它學習成長的
所以很小的孩子
在不會說話的時候
就能以觀察習得一些技能
比如拿吸管喝水
別小看這動作
他觀察細微到懂得把吸管就口
並用力吸

因此妳的每個舉動都可能吸引小孩子注意
什麼事會特別讓他注意呢
就是跟妳平常說的大道理逆向而行的事
以及社會道德不容的事
越骯髒越有看頭越過目不忘
跟人喜歡看八卦一樣

有令人稱奇的反差魅力

有些人深知模仿可能帶來的負面影響
就刻意矯正態度隱瞞真相
但這怎會藏得住
這孩子可是長期二十四小時跟妳相處的
妳不經意罵出三字經
和姐妹們一起去占別人小便宜
為了趕路闖紅燈
搭公車從未讓過座
教人要孝順卻跟婆婆大吵特吵
最好的身教是願意面對真實的態度
不要說大道理
妳得告訴孩子人人都有缺點
如果妳有錯
也請他點醒妳
只是　妳會請他用吼的打的罵的點醒妳嗎

妳怎麼對他
有天妳老了他大了
他就有可能那樣對妳
說一套做一套
被孩子看穿了他也不一定會跟妳講
最糟的是孩子還跟妳有樣學樣

模仿
不要以為只是在抄襲外顯的動作
心思也是可以模仿的
比如恨
比如自私的心眼
比如愛報復
比如不說公道話
這些宛如空氣吸進孩子的心肺
沒人知道多年後會讓他染上什麼重症

所以請小心妳的言語妳的行為
千萬別太常表裡不一

▲不是完美無瑕

很多媽媽很怕在孩子面前裸露缺點
一直想保持完美無瑕
就得繃緊神經說到做到
不然孩子看在眼裡也不一定會讓妳知道
於是妳就可能成為國王的新衣
每天睜眼說瞎話:「出門要記得衣冠整齊。」
孩子的心裡回答可能是:「妳又穿了什麼?」

在家裡
不比在政府單位

不用淨說場面話

由於帶孩子真的很容易讓人抓狂非常想殺人

但教育就是不能急躁

越急越顯示妳的方法不對EQ很差

越強迫就越可能凡事使用強迫

憑著妳是個個子、權力、地位都高過於他的優勢

妳會在這種長期以命令口吻的生活下

忘了該耐性的找出他能理解的說明

硬要他在三秒鐘內把道理吞下去

想想換個大人

每天被這樣強壓著學習

妳會怎麼樣

真

才是讓孩子心服口服的身教準則

妳要他做到的事情

若能跟他分析做到這事的好處

講講學習這事的難度

若再告訴他　妳以前的學習經驗

妳很後悔當年沒放在心上

今日才得到不能彌補的下場

不要老惦記自己的顏面

甚至可以跟他一起學習一起做

運動場上的陪跑訓練

就是深知孤單是學習的障礙

大人也可能是孩子

大人也常有惰性和提不起興趣

大人也會說謊

大人也會逃避

所以大人也要不斷學習懂得認錯

愛之足以害之

無知足以凌遲

第一名

長久站在第一名位置的人　即使是大人　都有可能上癮

我懷疑

非常的質疑「第一名」可能是個超越男女的超級巨星

它總是光芒萬丈

所以誰都沒看過它真正的樣子及清楚的面孔

人最愛追逐的第一名大概就是這個模樣

讓人可以高高在上顯然非常吸引人心

不管那比賽的標準多麼不合理

不論那追逐的目的從來沒細想

集體比賽

更大一群的是時時在幫忙刻刻在督促的母親大隊

每個都拿出她們獨特的絕招和給愛的心臟

一場比羅馬帝國競技場還要雄偉的冠軍爭奪戰

已年年不斷在全世界流行

可知第一名會帶來什麼後遺症

一　人緣會變壞

二　壓力會越來越大

三　會不會不能承受從第一名掉下來

四　可能會變得很驕傲

五　可能會誤認自己從此高人一等

六　老的時候，還在提當年勇

七　為了第一名，硬是熟背自己也不認同的內容

八　過度在乎分數　眼裡只有名次……

你能想到的越多你就越能保護自己不被這虛名玩弄

比賽的賽制要百分百公平是不可能的

很多不公平的比賽都是因為一開始這比賽就問題重重

我曾經參與某電影節的評審

就親眼目睹有位評審在最後投票前說她沒看過幾部電影

但她還是投票了

獎也頒了

如果參賽者知道幕後評獎的過程是這麼荒唐

那第一名還有什麼價值呢

也許有人說那有更好的方法嗎

我想一定是有的

但我們是不是先告知大家比賽要具備怎樣的心態

再來談比賽的規則

比賽都是一時的成績

不否定過去也不代表未來

因為這是人的心理評分

只能當作是一種自我測驗

妳太沉醉它的光環可能就是過度膨脹它的意義

這個第一名非但沒有附帶什麼獎品
還有不少可怕的後遺症
最怕的是他還以為這第一名會帶給他什麼實質利益

一個進步的教育
會知道過度追求分數和名次的危險
更要明白沉迷於輝煌的無知與自大
不知道分數和名次帶來的誤解
對孩子就是陷阱
最可怕的是孩子和媽媽一起掉進陷阱

很多媽媽是不會承認自己太在乎分數和名次的
這也是很多第一名的孩子總有個壓力
就是怎樣都不能讓媽媽滿意
曾有位得了很多冠軍獎項的鋼琴神童
在一次國際大賽初賽落敗後
當場被媽媽狠狠的怒吼：「我對你失望透了！」
結果這孩子得了憂鬱症無法再就學
媽媽沒法接受孩子落敗的心態
原來可以這麼激烈和殘忍

長久站在第一名位置的人
即使是大人
都有可能上癮
彷彿穿了件純白的衣服走在隨時有風有雨的世界

沾了汙點
就可能氣到發瘋
甚至會急出心病

第一名
到底能從中得到什麼
到底有什麼壞的後遺症
到底偶爾第二名以後會怎樣
到底想不想和孩子相處的時光多些和諧及輕鬆
到底妳有沒有十足把握妳這麼汲汲營營的追逐能得到什
麼實質的東西
沒看過很多第一名不好的下場嗎

當每個班級都只能有一位第一名時
那些不是第一名的人後來會很糟嗎
想想
請妳
再想想

出賣

出賣是一種背叛　它標出的價錢絕對是一種屈辱

在她們那個窮鄉僻壤處
出賣女兒不是什麼太稀奇的事
有的女兒美其名遠赴日本表演歌舞
其實是去陪酒賣淫
有的未滿十八歲就嫁人了
實情是被賣去當人家的小老婆
更慘的是被賣到私娼寮
像她呢
則是賣給一位年近七十歲的退伍老兵

窮是最具說服力的暴行
爸爸和媽媽的婚姻也是這種買賣下的作品
媽媽以臺幣不到十萬就從越南嫁來臺灣
近二十年沒回越南一次
因為爸爸在臺根本也是低收入戶
有些娶外籍新娘的人是內外條件都偏低的人
不僅沒什麼錢
連外表和與人溝通的能力都極差

所以在她很小的時候
對於自己未來會被賣掉的可能早有心理準備
媽媽就曾跟她描述那個未曾謀面的外婆家
外婆生了八個女兒
外公在媽媽十歲時就過世了
為了生活
排行老三的媽媽是第三個被賣出嫁的女兒
媽媽說　生活在這樣的家裡
為家裡奮鬥是大家共同的志願

所以她們都懷著夢想被出賣的
來臺灣前
她對臺灣就有許多幻想
這些夢境有些是婚姻仲介公司給的
有的則是她們這些越南後備新娘間的耳語
如果嫁的老公家有錢怎麼撈錢
如果老公年紀很大怎麼讓他早死
不管是玩笑話或真心語
她們把這個命運當作軍人服役般行使著
有為家捐軀的打算
也有為短期私利的計畫

也由於媽媽和她同一個命運
她似乎也就不那麼孤單和自覺命殊

於是她也有了不同一般女性的婚姻觀

她的婚姻觀是……

婚姻是筆生意

幸福關鍵在自己的命夠不夠好

自己的感情不是那麼重要

重要的是要有錢並改善自己的生活能力

但有這想法的還算是她們間的「高知識分子」

有些被家暴、被公公和舅子長期性侵、丈夫事業倒閉負

債、為了生計違法打工被抓、被虐殺……

這些被逼到生命的懸崖的人連求救的常識都無

對於可能會遇到的風險

她們大都集體選擇鴕鳥心態

總是想著：我不會那麼命苦吧？

媽媽有次跟她懺悔道：「我沒想到我的下一代，還是要

被出賣！」

她就回道：「既然出賣給婚姻仍無法改善生活，為什麼

要嫁呢？」

媽媽說：「老天只給我一個機會，妳說我要不要試試

看？」

機會

其實就是自己想要迷信的賭注

在這個沒想過婚姻是什麼的年紀

滿腦子只是為他生孩子　性服役　當家裡的傭人　照顧
孩子和公婆
可能還要非法打工
這機會的頭期款是主要誘因
嫁過去的生活是另一場賭盤

她的老公是近七十歲的退伍老兵
她算是命好沒其他親戚
老公這兩年中風起居全賴著她
她也沒有孩子
兩人像父女般相依為命
沒有交談　但會一起看連續劇
沒有爭吵　有時吃泡麵也沒人抗議
她不想像其他姐妹背著老公賣淫賺外快
現下反而是她人生最平靜的時光
沒人會指使她什麼
她幫老公擦臉
老公還會跟她道謝
她不想連這樣的生活也要拿來出賣

出賣是一種背叛
它標出的價錢絕對是一種屈辱
讓人放棄無價的真情

怎麼讓孩子接受妳的新歡？

媽媽在此時左右為難　孩子在此時以退為進

大家需要一些寬鬆的時間磨合

妳要先接受「孩子不接受」的可能

否則

「怎麼讓孩子接受妳的新歡」就沒有意義

人是沒有權利要別人硬接受另一人的期待

人類有史以來的戰爭都是來自硬要人接受

你不服我就用武力讓你屈服

我們是想讓孩子接受媽媽的新歡

不是和孩子尋仇

所以不要暴力暴語相向

新歡是妳的

不必然要他同意

這是個機會教育

要他懂得尊重妳的選擇

如果一個孩子因基於自己想完整占有而不許誰的存在

這就是機會教育很好的事件

首先要告訴他

以後他若遇到真愛
父母也是無權告訴他該不該和誰在一起
父母可能會理性的叮嚀
也許會壓抑想過度的擔心
但決定權在你
你必須做出選擇和承擔
沒有跑完全程
你就沒法體驗核心
這核心就是如何在愛的面前心甘情願和不怪責他人

就像妳第一次把男友帶回家一樣
妳會想他該穿什麼衣服
不要做哪些事
該帶什麼禮物
別犯什麼禁忌
只是這次是從父母換成孩子
妳不希望一件好事變成戰事
所以要想想孩子有什麼預設的反應
對於一個陌生人的闖入
這陌生人會不會在媽媽面前一套背後又一套
生活在一起多久才能適應
他會不會暴力傾向
會不會來管我的功課　作息　上網
也許就是因為妳長久給孩子滿滿的愛
讓他誤以為妳會永久專屬於他

也許是因為孩子也跟大人一樣
遇到公司有空降部隊降落而心神不寧

漸進是一個好方法

先共進晚餐
或是假日電影院
或是孩子的生日宴
如果遇上一開始就滿滿敵意的孩子
更需要耐心
不必放棄自己的愛來抹平孩子的焦慮
這是最壞的示範
等於告訴孩子他能用這樣的威脅來達到目的
尤其是不尊重妳的感情需求

這是一個棘手的演出
對於三方都是不容易的事
不容易是因為長期以來傳統的人們不重視
所以總是知道要注意但就是苦無方法
媽媽對這段感情也沒有把握
孩子在成長期的緊張和反叛
新歡礙於沒有基礎而生疏
這是一個交新朋友的劇碼
不是互相折衷的談判
可以不同意但不能因此而反對是溝通的底線

繼父繼母可怕的連續劇刻板形象
代表的也是這時代大家對這份關係的普遍看法
因為繼承者就是有繼承的事實和威脅性
媽媽在此時左右為難
孩子在此時以退為進
大家需要一些寬鬆的時間磨合
要懂得不能接受是常態
能夠接受是幸運

不要強迫人接受新歡
這新歡才能真的進門

為了孩子才不離婚的背後原因

「為了孩子才不離婚」這句話顯示不離得付出一些代價

很多媽媽是因為考慮給孩子一個表面的家而隱忍不離婚

理由很冠冕堂皇
但這樣做真的全是為了孩子嗎
還是孩子期望的並不要妳這麼做
所以我們來幫這樣想的媽媽
找一些其他可能讓她們再想想看

孩子是最清楚你們之間關係好不好的人
既使是冷戰
他們也是第一線的感受者
當你們大吵大打或是相敬如冰
這氛圍對任何年紀的孩子都很難受
妳可以想像妳還是小孩的時候
媽媽每天和爸爸大吵
之後媽媽的情緒還會粗暴的轉嫁到妳身上
一天拖過一天
妳這時還會在乎家裡的完整重要性

還是急得想脫離這樣可怕的氣氛

這個家早就四分五裂了
對孩子而言
虛假的保留家的外殼
就等於告訴孩子：
家是一個最虛偽的公家機構
家不一定要和樂但一定要有它的存在

「為了孩子才不離婚」這句話顯示不離得付出一些代價
這些代價妳一旦將原因推給孩子
那將來妳就可能抱怨孩子
如果孩子和妳爭執
妳就有可能拿這出來威脅孩子

為了孩子
你可有先跟孩子討論他的心願嗎
如果孩子太小還沒能力判斷時
妳有問過專家或長輩嗎
到底是為了什麼
妳說不出無憑無據妳是在胡說什麼呢
跟老公的關係如在冰庫
將孩子留在冰庫的未來
我不知道這樣是為了孩子什麼
我看是為了不甘心

我看是為了找不到有收入的工作
我看是怕大家的議論紛紛
我看是錢還算不清吧
我看是妳在結婚時從未想過有這一天吧
我看是為了不讓老公好過
我看是千頭萬緒不知道該怎麼做才好

不離開
妳就得演一場不知何時會以喜劇收場的人性恐怖片
妳得一天一天把自己埋進孩子的世界把自己封閉
妳還是要和老公出席一些讓別人不察有異狀的家族活動
妳要慢慢消化累積在心中的不滿
妳其實在做一場複合式的報復
以殺了自己渴望的幸福為決心
將保有形式的勝利為精神
真正的武器是仇恨
舉起的旗幟卻是愛
戰勝的獎盃由兩敗俱傷聯手打造
至於孩子在這戰事扮演的角色
其實就是魔戒
誰執意搶奪它並以它之名行至高的愛的追求的就是魔

背後的原因
不能說明白的原因
都是不堪入耳的原因

孩子的孩子

她不想再有小孩了　她知道這一有又會怎樣沒完沒了

女兒一懷孕
她這個媽媽就跟她表明
自己生要自己帶
不然就請保母
不要算計到她身上來

女兒產後不到半年就和丈夫離婚了
媽媽心軟讓她住了進來
粉碎了她退休後的新生活計畫
每週三、五的國標舞
每週日的姐妹登山會
其餘時間她希望留給月老
幫她找個如意情人
她只要情人不要老公

但這個夢在半年前破碎了
女兒不知什麼原因就從地球上消失了

面對孩子的孩子
她感到無奈
三歲的孩子
怎麼跟他說道理
距離上一次二十多年前帶孩子的經驗
她已不存任何記憶
重點是她一點都不想擔下這責任
她不想再有小孩了
她知道這一有又會怎樣沒完沒了

自己的孩子對自己要這麼無恥的無賴
她自認罪有應得
那是自己教出的孩子
能怪誰呢
只有一個孩子都教成這樣
她沒怪誰

所幸她還有一些財產
幫孫子找個全天職的保母
再找間優等的幼兒園
她盡量少跟孫子接觸
讓孫子習慣人一生下來就需按表操課的生活
不必跟家人太多往來
她就不信孫子的媽會一去不回頭
但她的心跟著一驚

她也想過會不會女兒被綁匪撕票了
當媽媽就是會擔這種折磨死自己的心

她和孫子只有在吃飯時會見面
住她樓上的表妹六十歲仍是單身都比她熱心
孫子學琴都移到她家學了
孫子可一點都不缺人愛

最近她在國標舞廳裡遇到一位比她小十歲的西班牙人
他們語言不通但經人介紹知道彼此是鰥夫寡婦
兩人很快的來電了
他們每次的親密地點都在她家

西班牙情人來臺灣只是短暫的公差
他以後不會再來的
最後相聚的那一夜
她竟然歇斯底里的哭了
哭到西班牙情人落荒而逃（但願他有趕上飛機）
孫子被吵到醒在自己的臥室裡
清楚的聽取她說的每一句用力喊出的話

「你不會再回來的！你騙我，你不會再回來的！」她說。

她從來就不是會失控的人
但自從她退休以後

難得是老公在多年前就死了
她想過一次任性追愛的生活

早餐
她當然是累倒在床上
隔了一天
孫子出門前照例在她臉頰輕一下
「昨天有吵到你嗎？」她問。
「有啊，但我後來太累了，又睡著了。」孫子說。

她想，如果西班牙情人見她大哭能像孫子對她的態度
他也許就會說：
「我可能很難再來，不過妳可以來西班牙啊！」

孩子的孩子一天比一天靠近她的心
但她卻在一開始特別跟他保持距離
她女兒以前就常抱怨孫子依賴難帶
可她沒感覺是這樣啊
孩子會不會也跟男人一樣
妳越不黏他
他才會主動跟妳示好
才會是比較健康的相伴

MOM
62

你聽過翁倩玉的祈禱嗎？

我絕對不會祈禱人生只有春天

我希望我的人生有春天也要有冬天

我很小很小很小的時候

就很愛翁倩玉的一首歌〈祈禱〉

這首歌非常有一種讓人相信溫暖的感覺

算是經典老歌

但有一句歌詞一直讓我很困惑

「讓地球停止轉動　四季少了夏秋冬」

你知道嗎

我小時候住在高雄

一年四季幾乎都是夏天

所以我每每看到日本湯屋的電視廣告介紹

我就會心裡說出「要是高雄也會下雪該多好啊」的話

所以我絕對不會祈禱人生只有春天

我希望我的人生有春天也要有冬天

為了只擁有春天

寧願放棄夏秋冬並讓地球停止轉動

這樣的觀點不會有負面的影響嗎

不就是暗示大家追逐一個不切實際又只有溫室的人生嗎

這首歌到今天還常被傳唱
也被好幾位歌手翻唱過
紅到今天可見影響力

我小時候就跟過三位老師請教過這個問題
祈禱只有春天的人生是對的嗎
這三位老師都告訴我「你可以有你的祈禱啊」打發我
沒有人進一步問我為何問這個題目

如果妳的孩子問妳這樣的問題
妳會怎麼反應
妳知道這是哪一類的問題嗎

不管他問什麼問題
當孩子願意主動問妳問題妳要珍惜並鼓勵他們發問
把他們當嬌貴的賓客
即使聽到笨問題
都不能跟他說這是笨問題
不然妳也可以表達不同的看法
但口氣請柔軟
這是你們難得交心的時候
別笨到用口氣就把他嚇跑
他這一跑
可能永遠再不會來問妳這麼內心感受的問題
這是何等可惜

有一個朋友跟我說過一個比喻
他說人是有上百個精靈守護著元神的
有快樂的精靈
有寂寞的精靈
有偷情的精靈
有偷懶的精靈
這些精靈裡爭先守護非常盡責
但生性膽小
其中發問的精靈是最引他注意的精靈
因為它是所有精靈中未來的先知
它總是敲著我們的腦袋
對腦袋提出質疑
這就是思考的動力
時代進步的源頭

所以不要嚇跑這個會發問的精靈

MOM
63

孩子的性取向不容大人導正

人都是獨立的　不屬於誰
妳養育孩子只是在還妳媽媽對妳的養育之恩

有人問我
如果我是一位媽媽
有一天晚上我到公園慢跑
我突然發現我的女兒抱著一位女孩在公園接吻
我會怎麼反應
會當場揭發嗎
事後還是裝不知道嗎

我答
問題是不會只有一個標準答案的
妳可以過去罵她一頓
也可以立刻轉頭離去
只是每個決定都有其背後的動機

對於一看到這畫面就震驚的人
妳的「震驚」是為了什麼
是因為發現女兒竟然是同性戀
還是因為太年輕談戀愛

前者的擔心很容易把事端擴大
因為如果妳女兒真的是同性戀
光是妳把同性當作是病態想設法把她糾正過來
妳就別想再靠近女兒內心雷池一步
當全世界已證實同性戀是基因問題不是一種病
妳還在強迫她去愛男人
這就如同強迫妳去嫁妳不愛的人
妳覺得妳這樣的過時價值觀會不會才是病
才是需要「導正」的呢？

如果是後者
也不該當面現身
因為在震驚的時候
與其毫無準備胡言亂語表情不自然
不如先行退下
想想如果妳是妳女兒
她發現妳發現時
她對妳會有什麼先入為主的看法和反應

我猜她可能認為妳會
驚慌　抓狂　辱罵　絕望　羞慚　哭泣
因為大部分的媽媽現今仍認為同性戀是不正常的
有這樣的女兒會受左右鄰居親朋好友異樣眼光關注
那不說話的眼神關注是最難受的
另外這也代表孩子不會結婚了

如果是兒子
那麼傳宗接代的夢也碎了
說穿了
妳的「震驚」裡的構造一點也不單純
擔心的項目還滿多的
可惜就是沒擔心過孩子的感受和她的靈魂的真正志願

如果是我
我會悄悄離去
如果不小心被她們碰到，我會說：「哈，不好意思，你
們繼續！」
然後同時給她們一個善意的微笑
妳若事後想跟妳女兒交心
沒有這一步就會比登天還難
這個舉動想要傳達三個訊息
一　微笑　表達我不過度緊張也表達我的尊重　我不要
　　她過度擔心及猜測我　那會產生敵意
二　讓她在她朋友面前不覺得尷尬和慌亂
三　說你們繼續　是要表明我的立場　我不認為愛上一
　　個人有什麼錯　尤其在她們什麼都不太懂　教育和
　　家庭也沒告知她們什麼的年紀　我憑什麼要那麼生
　　氣　難道大人談戀愛都那麼懂得自我克制和符合社
　　會期待嗎

想想我們在這年紀的時候

我們對爸爸媽媽的所作所為很多是看在眼裡的
他們常常在壓力過大下急著想短時間解決問題
沒有讓人理解的過程
強制推行沒有人性又過時的陳舊觀點
那種不平又不能申訴的感受
大多數的孩子都經歷過
可妳們都忘了
乾乾淨淨的忘了

忘了我們在心底曾深深的藏著一些聲音
「請相信我！」

不相信
所以才會事事擔心
才會演變成要把孩子捏成妳想要的樣子

人都是獨立的
不屬於誰
妳養育孩子只是在還妳媽媽對妳的養育之恩
前人做的錯事我們最好不要跟進
拿著過時的觀念逼著孩子遵循
這下場不是孩子被時代淘汰就是孩子跟妳翻臉
真的不要心存僥倖
未來的孩子會越來越不屑妳這一套

道別時不要濫情

跟媽媽跟爸爸不是重點　重點是怎樣的安排對孩子最好

一對夫妻要離婚
兩人協議兩個孩子都歸先生
原因是太太不久便要再嫁
臨別前如果妳是這位媽媽
妳會怎麼跟孩子道別

大部分的人會說
我絕對不會放棄我的孩子就走
這絕對不走是為了什麼呢
因為沒法割捨
女人的愛當然不會只有一款
很多類型的
但一冠上母親的頭銜
她們就變了
不管妳是不是優先考慮孩子的未來還是自己的走向
她們都變得沉重起來
沉重到不這麼想就有罪惡感
也許有一大票人會生氣我憑什麼這麼說

母愛被我汙蔑了
但我要強調的是
沒法割捨一直是女人在感情上的通病

沒法割捨
妳就不會允許妳割捨
妳對於該放卻放不了的感情習慣性不思考的用力抓著
越用力　就越不思考
不想放手後可能的狀態
不想孩子跟妳可能還比較差
不想除了占有以外的選擇
不想這樣無法割捨的愛夠不夠能力和理性

孩子越小
妳越強調妳愛他
說完還是要走
妳可想過妳要他怎麼想
要他體諒妳嗎
在這個天堂倒塌的時刻
是不是很殘忍呢

流著眼淚或是忍著眼淚
說我愛你們或是我和爸爸永遠愛你們
故作堅強也會透露不捨
大概這幾個重點總加出的制式反應

我要更殘忍的提示
這有可能是一種自私的反應
求自己好過
留一條線索在孩子的心裡

要是我
我能勸得動另一半
就一起跟孩子說：「我跟爸爸離婚了，我們決定要作回
朋友，爸爸和媽媽都可能會找一個更適合的人結婚。」
如果孩子太小
我會善意的說媽媽要去遠地工作
保持電話聯繫或網路通聯
等到孩子比較懂事時再告訴他
那時他也比較懂分開那麼多年
你們還是常聯繫
但不管是哪一種
都可以為孩子的狀態而設計
跟媽媽跟爸爸不是重點
重點是怎樣的安排對孩子最好

社會在這事會比較站在媽媽這方
但孩子不一定跟媽媽比較好
像一些沒有經濟能力的媽媽
沒法好好照顧孩子的媽媽
丈夫很有條件照顧孩子的媽媽

真的沒必要弄得像世界末日悲慘的情況
有些孩子寧願跟爸爸不願跟媽媽
這可能若不假設
對孩子才是更不幸的事

人生有很多難題都是超乎妳想像的
把母愛想成不能不愛的愛
萬一碰到也很棒的爸爸
妳跟他強奪孩子
可深層的想過是為了什麼
讓孩子填補妳的罪惡感還是尋找三方都贏的可能

不要太苦
妳苦
孩子也不會好過
再見有很多方式
能的話
怎樣對孩子是最圓滿的方法就怎麼想
三方都好才能讓孩子不會矛盾

兒皇帝

盲目原來不只在愛情裡流通　也會在兩代之間

名人的獨生子不停的闖禍
眼看著名人在新聞報導上先是為兒子說好話
說可能是其他人釀的事端
然後進一步哭哭啼啼感嘆兒子或許是卡到陰
最後等連珠炮的衰事爆發後
確定不是卡到陰
名人只好低調的請大家再給兒子重生的機會

還有一種是兒子不斷惹緋聞
這要是按自己集團的規矩
早就該被開除了
可是這闖禍者是自己的兒子
即使是個人人搖頭的總經理
父母也是高學歷的富商
就算緋聞常常影響到股價也無所謂

這個世界真的需要一個兒皇帝
讓普通老百姓終於可以看到名流和富商的笑話

兒皇帝背後當然都有一對或一個見不得孩子不舒服的父母
這些父母縱容孩子的程度很可能是沒有上限
人為何明知對孩子溺愛不好卻又將孩子帶到大海的中央
他們以為他們的愛可以化成救生圈或遊輪
就算可以如孫悟空七十二變
那若父母不在人世了呢
孩子將成為待宰的豬
那些早看不下去這樣廢物般的人類在世上招搖
少了父母那一層保護膜和加持
他們絕對會像禿鷹掠食這孩子的一切

兒皇帝在哪個時代都是受人嫉妒又鄙視的
這當然不全是父母的一手造成
而是這樣的孩子養成的不知天高地厚的任性會讓人討厭
他們之所以會一犯再犯
一方面是因為天塌下來有老爸老媽擋著
一方面是他的腦容量因長久沒有開工而沒什麼作用
不然就是劈腿成性愛一個算一個沒有責任感
如果爸媽和他斷絕親子關係
他將是個什麼都不是的人

這裡的兒皇帝當然也包括女孩
尤其在中國一胎化的政策下
「唯一的寶貝」將可能是本世紀中國人要共同面對的災難

這一代的單傳激發了中國人最底層的傳統心態
肥水不落外人田
傳子不傳賢
給愛卻不懂得什麼是對孩子正面的愛
期待孩子孝順到老一起生活到老
不願意面對孩子的問題
孩子的各種好成績也是爸媽面子的成績
腐臭的愛
讓他們看不到別人對他們的皺眉
盲目原來不只在愛情裡流通
也會在兩代之間

很多逆倫的兇殺慘案
比如把爸媽活活砍死的
比如把婆婆掐死
這些孩子的行為大多數都是因為長輩對他們的溺愛造成
為何愛反而讓他們反彈
翹著二郎腿的人生難道不好嗎
想想兒皇帝不當去當個殺人犯的心態轉折
一定有讓人驚恐的原因

兒皇帝的生活並非都風平浪靜的
他們最常碰到的衝撞就是發現父母一路都在說謊
有很多原來父母同意可以做的事
和外面的世界的標準大不同

那些父母承諾會幫他扛下的爛攤子並非每件都能扛下

從來沒有訓練他們要為自己負責的結果

使他們沒有抗壓能力

父母不在他們身邊的時候

他們越會感受到他們處處受到推擠

因為父母從來沒給過他們真實世界的遊戲規則

不能想怎樣就怎樣的規則

他們慢慢感到別人對他們的異樣眼光

慢慢感到父母為他們在流沙中創建了海市蜃樓

可他們已沒法清醒的過日子

這種在外不被認可在家作威作福的反差

不知不覺中會形成一種沒法釋放的毒瘤

尤其在爸媽給不了他們非常想要的東西的時候

他們會恨

恨他們沒法給他一個正常的人際關係的觀念

恨他們沒法給他一個他想要卻沒能力要到的職務

他們甚至會把他的戀愛挫敗也歸咎於父母

因為父母不就一再跟他拍胸脯說他們會搞定一切嗎

這個恨的內部結構

是一種毒癮的供需

一旦有一天供應者能力不足供應不起了

犯了毒癮的人就會新仇舊恨一起來向父母反攻

聽不到真話就是兒皇帝對父母最深的恨的來源

他很早就清楚爸媽都是在偏袒他
但沒有辦法
他也只能在那個童話裡繼續存活
真話都沒有淋上糖漿
所以他會隱藏對爸媽的不滿
除非爸媽不再提供糖漿

原來兒皇帝的寶座和一切生活規格都是錢堆出來的
沒有錢
誰來付掉那些罰單
沒有錢
怎麼買通那些關係
沒有錢
就沒有讓兒皇帝踏上紅毯後的所有排場
雖然錢買不到受人尊敬和內涵
但空有的外觀還是可保有的
不然他們還能保有什麼呢

滿清最後的皇帝溥儀到了現代大家還是不忘稱他皇帝
英國皇室自從被狗仔隊闖入
再也不知怎麼拉上顏面的窗簾
皇帝的不合時宜的難堪盡在八卦新聞裡
這種空洞的生活精神誰被附身誰就非常可憐
因為他將經歷一大段真實和夢境分不清的錯亂歲月
由於父母沒能力跟他說明真相

於是這個任務就會交給現實來完成

當然
現實一上場
它可是不會對兒皇帝畢恭畢敬的

打牌

大福最痛恨媽媽從不體諒人　　她從不體諒他是個學生
需要安靜的環境讀書

家裡幾乎天天有一群人在打牌
這一群人有左右鄰居的阿姨叔叔們
以及他們的小孩
當媽媽的人上別人家打牌
孩子大都跟著來的

所以他每天回家時
千篇一律的場景就是
大人在餐桌打牌
小孩把家弄成戰場似的

他總是皺著眉頭
斜眼威脅著這些小鬼
當走過牌桌時
還要假惺惺跟大人們問好

「你們家的大福很乖喔！」
有些善意的媽媽就會說這話來討好孩子

不過也不是什麼真心誠意的
這都是隨口式的禮貌
「大福，先把米洗洗，冰箱裡有咖哩調理包，今天就吃這
個吧！」媽媽接著說
另一位阿姨說：「你們大福還肯幫妳做家事，我家那個
懶骨頭，都小六了，上大號還要我幫她擦屁屁，她嫌
髒！」
她說的是她女兒慈惠
是我同班同學
我又知道她一個祕密了

大福都十二歲了
他們家這樣子也有十年了
他非常羨慕別人家安靜又溫馨的氣氛
寫功課的時候不會有個小孩忽然飛過你身後
自己的樂高玩具被媽媽隨意答應讓小鬼拿下來拆解
他很想大叫叫他們停下來
但他盤算過
如果他嚴厲的表達自己的不滿
下場大概也只會換來臭罵一場
不會有任何改善
所以他選擇陽奉陰違
這好處是有些贏錢的阿姨會給他吃紅
因為「乖」是打牌的女人會給獎賞的最好的理由

沒有一刻是安寧的
洗牌聲永遠和孩子的叫喊聲交互搭配
有時候煩透了
他會打開電視
無聲的看著畫面
因為媽媽不准打開聲音
怕太吵

太吵？
他渴望媽媽好好的問他
會感到吵嗎？
大福最痛恨媽媽從不體諒人
她從不體諒他是個學生
需要安靜的環境讀書
她從未關心他的學業
她只扮演成績單交給她時的訓誡者
訓誡的都是些八股老套的話
像是「讀書只能靠自己，我小時候爸爸連讓我上中學都
不給，你要惜福、自強啊！」
她總是說避開責任的場面話

大福討厭媽媽
就像媽媽討厭爸爸一樣
不是真的討厭
是一種無可奈何的無力感

這樣的媽媽可能不是會計畫的生活者
但絕對是很愛做夢的高手
她總是想大贏一場
她總是會在每次夢碎時全家去大吃一頓
她不會照顧人更沒法照顧自己
所以這個家總是鬧哄哄亂糟糟
她不知道該給住在屋裡的人一點尊重
「媽媽，我只有六年級，我需要安靜讀書的空間。」
多少次
大福在夢裡說過多少次
每次說都是熱淚盈眶的
他媽媽甚至不知道她在毀掉一個孩子的學習之路
長期沒法專注讀書的結果
就是成績嚴重落後
再加上家裡沒能力幫他請家教
一開始沒人幫助解題
後面整學期就全都不行

大福這年紀看不到可以改變自己命運的可能
誰會清楚沒有讀書的環境帶來的破壞力
他媽媽不清楚
無知是最破壞性的災難

媽媽說過她在家弄了一個牌桌
都是為了全家的生計

等於是開賭場賺賭金
她打牌大都是幫人代打
輸了不用賠
贏了可抽成

這算是他的命運嗎
他因長期看著無聲的電視畫面
自己創造了一個遊戲法
就是自己寫對白
他會把對這家的不滿藉這遊戲完全發洩
他會找一個角色
比如一個老闆在訓一個員工
他會說：「媽媽啊，我不是豬啊，不是吃飽了就好，不
運動、不看書，成天幫妳管著那些牌搭子的小鬼，妳有
想過我以後會因此而變成怎樣的人嗎？妳不怕我變成賭
鬼嗎？」
哈哈
想到這裡
大福才稍稍開心了一下

圖書館

去圖書館是件比去咖啡店好的事　有如重回學生時光

每個社區都有個社區服務中心
裡頭都有閱報室和圖書館
你去過嗎

我家每週都會為我女兒借二三十本圖畫書
花了幾年時間還有很多好書未看
大家應該把社區的圖書館當成是自家的豪華書房
只是要勞你挪駕出門並走一小段路
這是我們納稅人繳稅後蓋的圖書館
你不去逛
就等於繳了錢卻沒去健身房一樣

去圖書館是件比去咖啡店好的事
有如重回學生時光
安靜又燈光充足的冷氣房
沒人抽菸
在座的都專心閱讀
書架分類

報紙可按年月搜閱
還有可上網
沒人交談
和女兒上圖書館
我和她立刻變成同輩
我看我的
她找她的

沒花錢就得到的娛樂
我發現陪女兒上圖書館有一種如進森林浴的快樂
紙張的芳香
正襟的座椅
遇上幾位來溫書的國中生
點頭微笑的招呼

這裡也有電腦可上網
每個月都有專家講座
在圖書館借書雖有期限
但也因此讀得比較有效率
自己買的書反而因為永遠是自己的
而一直放在書架上沒再續看
當圖書館員和你越來越熟的時候
他們還會不時的提醒你最近會有什麼新書進來

和孩子走到圖書館

再從圖書館走回家
一路上都是捧著書
如果你也可以試試看一次圖書館之旅
辦一張借書證
甚至製作大件的美勞可以拿去那邊做
有些孩子都去那邊寫作業
因為很安靜又燈光充足

不只孩子很開心
你也能和久違的圖書重逢
給自己一兩個小時不被打擾的時間
關掉手機
遠離家中的電視機
和孩子一起坐下
各自閱讀

打人

打的原型就是暴力　　不管用什麼天大的正理來包裝

為什麼不要打小孩
因為打不但不能解決問題
通常還會製造新的問題

打巴掌
打屁股
打手心
打小腿
打外人看不到的地方
打讓外人一眼就看到的地方
打不僅僅是打
還會透露打人背後隱藏的心態

打的第一要件
通常就是洩憤不是教導
只是有些人除了動怒外還要你被羞辱
她要你警惕的方法就是讓你別人面前抬不起頭來
比如打你的小腿

讓你在夏天穿短褲短裙時讓大家看到你所受的處罰

打的原型就是暴力
不管用什麼天大的正理來包裝
就是人的武力
最糟糕的就是以大欺小
讓孩子學到人原來可以用暴力來達到目的
當溝通無效時

打的意義
是要碰到會想的人
但會想的人需要打嗎

打的工具
藤條　衣架　鐵棍……你別以為在誇大
有些就是這麼無法無天

打的方法
捏　彈　拍　搓　敲　掐　壓
每一種招術都能反應出打人者的個性
光不光明
變不變態
都會在這五花八門的方式中洩露

有人問打會壞了什麼

我想打都打了
還來得及在乎這個問題嗎

領養

不是要有什麼實質的回收

而是想減輕這世界的負擔

讓那些缺乏人照顧的孩子有了棲心之地

閱讀

一週看一本課外圖書的時間都沒有　妳的孩子就可能是在死讀書

把書買來丟給孩子看
尤其是小學六年級以下的孩子
這樣的親子關係真的很可惜
因為比圖書館館員跟妳孩子的關係還不如

臺灣漢聲出版社有一套書叫漢聲精選
這是一套世界得獎作品的翻譯兒童讀物
它為每一本童話書編寫了媽媽手冊
這手冊就是教導媽媽怎麼跟孩子一起閱讀

首先這手冊會告訴妳看一本書的順序
怎麼看書的封面以及書背的簡介
書名在哪兒
書的圖怎麼跟書名呼應
副標題強調的重點為何
作者是誰插畫者是誰
打開蝴蝶頁的序與章名
怎麼在導讀的過程提出疑問

怎麼在閱讀的終點說出感想
原來閱讀有那麼多的學問
而這學問若不知道就會像買了一個最新款的手機
卻只會撥打不知手機其他最新功能一樣的浪費

買了很多昂貴的圖書
丟給孩子當玩具一樣
這樣的閱讀只是在填補媽媽的滿足感
好像給了孩子一根棒棒糖就能讓他不吵不鬧一樣

和孩子一起閱讀還有其他好處
妳可以有機會再做一次學生
妳跟孩子之間有一段心靈的同行
打開書你們一起走進故事
一些妳早就忘記的字指引妳去翻翻字典
一些經典的對白會變成鑰匙讓妳往後打開記憶
妳會聽到孩子思考時的發問
最棒的是妳會聽到孩子清新的朗讀聲
如果可以的話
妳每個月都把他朗讀的聲音錄下一篇
一個月一篇
從小到大到他不想錄了為止
這會是最棒的儲蓄

和孩子閱讀切記不要強加灌輸妳的看法

多聽聽孩子的讀後感
坊間出的一些有關新詩的導讀
由於太強調作者本身的注解
想寫詩的人讀後反而受了毒害的限制
文學不會只有一種解讀的
尤其是詩
這也是我們的國語教本裡課文後的注釋需要改進的地方
因為有太多以偏概全的錯誤引導

閱讀的環境其實很重要
這比妳為孩子辦生日宴會的布置更需要費心
速寫的安靜
明亮的燈光
健康的坐姿
並精選讀物
學校的教育最大的價值並非要孩子一定要讀什麼
不然這世界的教材該會統一
可見養成讀書的習慣才是要點
要愛上閱讀
並非追逐名次和高分

一週看一本課外圖書的時間都沒有
妳的孩子就可能是在死讀書

惡婆婆惡媳婦

惡人的弱點就是貪　貪的源頭就是把利益看得比親情還重

即使在這個年代
惡婆婆和惡媳婦還是存在的
只是惡劣的態度有了新型態
這個「新」表示社會已進步到不允許她們光明正大作孽

惡的標準在於她不尊重別人
不怕露出人性最醜惡的嘴臉給人威嚇
滿滿的私心
過時的觀點
人前人後一張臉
親朋面前忍不住尖酸刻薄
那種傷痕不大但絕對踐踏人心到底的攻擊是她的專長

妳看過這樣的惡婆婆和惡媳婦嗎
妳是這兩者之一的受害者嗎

惡婆婆的原形大概是以下幾種個性組合而成
溺愛子女

對人不信任

一旦有了孫子就想強行把媳婦訓練成她自認的偉大的母
親

她深知要控制一個人就需要先下手為強

不公平

毫無肚量

嘴上很容易就說：我怎麼那麼命苦！

老愛強調她對孩子的養育之恩

沒有什麼困難能阻擋她的惡行

這種人也最貪生怕死而且通常是老公最瞧不起她的人

惡媳婦的原形則是

超會做人

不能收服婆婆就給婆婆臉色看

掌控丈夫行蹤和金錢

很會當著別人的面指使下人顯其厲害

勢利鬼

常會灌輸偏執又自私的觀念給孩子

道德都被她拿來臉上貼金使用

這種人對自己的娘家也是現實至極

一山若同時擁有這二虎

她們的獸性會鬧得全家雞犬不寧

而這家的男主人通常也是懦弱的小男人

該喝止的惡行沒法遏止

連聲張公平都做不到的男人怎麼當一家之主
怎麼作孩子的榜樣

惡人的弱點就是貪
貪的源頭就是把利益看得比親情還重
她們都覺得聽她話的孩子才是好孩子
所以她們身邊總是圍繞著陽奉陰違的人
沒有真朋友
也沒有真親人
一天到晚只會炫耀想炫耀的門面

身為這種女性的子女只能感嘆命不好
身為她的老公包容或不包容都是災難
跟她說道理只會讓她更不放心你
她不管這世界普遍的道理
她只在乎自己的目的
她絕對是個不適任的家人

怎麼讓孩子和妳説心事

很多心事的釋放　只是求釋放不是要妳參與

妳渴望孩子對妳說心事嗎

妳有沒有想過這是很難的一個回報

這回報表示妳是個會守住祕密、公平看待、給予建議

不會在不分青紅皂白前就論定好壞的好媽媽

很抱歉　這樣的媽媽真的太少

少到很多媽媽以為孩子說的很多話都是心事

為什麼會少呢

會爆孩子的料的不是

會沉不住氣就發飆的不是

會跟爸爸說的不是

會過度介入判斷的不是

會價值觀不能接納不同的不是

會往壞處想的不是

會高高在上的不是

會過度嚴肅的不是

會打人的不是……

妳可以想想妳會跟誰吐露心事

要口風緊

要懂傾聽

不要話還沒說完就被打斷並密集訓話

吐露心事最需要的是讓他吐露

而非解決問題

由於媽媽的身分大都是指導員的身分

那種長久改不了習性的官方氣息

很難讓孩子向她們打開心房

這就像媽媽也可能不會跟爸爸講心事的原因一樣

怕有一朝一日兩人大吵時被拿來當作攻擊的武器

也怕理解不成反變誤會

讓每個人保有一些心事

一如房子擁有院子

要不要給人進來歇息聊天

要不要種下花樹長出院外

沒有遠遠的那片藍天

屋裡的人就不會來到窗前眺望

要人貼心

妳就必須耐心靜候

不要急著解決問題

很多心事的釋放

只是求釋放不是要妳參與

別一邊聽孩子說一邊就在盤算解決之道

可知這個動作是孩子最不想跟妳吐露心事的原因

聽完孩子的心事
妳最好也不要發言
妳最好說：說出來，舒服多了吧！
先讓他清楚妳只是個中立的傾聽者
這是他的經歷和遇到的問題
他沒要妳幫忙妳也別說「有什麼事可找妳」的廢話
這會令他犯了戒心
凡事在發生之前或之後有妳到處打點的痕跡
妳就有可能再也聽不到孩子的心事

打聽孩子的心事有那麼重要嗎
這不是家庭式的狗仔隊或調查局嗎
妳不能落得輕鬆嗎
凡事跟妳吐露心事的孩子會不會不夠獨立
怎麼讓孩子跟妳說心事
如果可以的話
能聽
就有小小的滿足感
但可能會聽到讓妳心臟病發作的事
所以能不聽
絕對是幸福的事

哄與騙之間

哄　會哄成騙的　因為用的字眼越來越熟練

為了哄孩子快把飯吃完
好趕上一個小時後的電影場
妳跟孩子說：「快點吃，明天我帶你去動物園。」

隔天孩子在妳酣睡的時候
跳上床興奮的要妳起床準備
妳那不好的起床氣
不只將昨天的承諾全忘了
還大發雷霆的罵孩子：「你吵什麼吵，你功課寫好了
嗎？沒寫好，不准去。」

這類看似小事的衝突
常常在很多親子間上演
由於大多數的大人都認為跟孩子說話不必太認真
所以就更輕易的犯下罪行

孩子真的都很閒
他們會記住妳的承諾

妳若用其他不正當的理由情緒話來搪塞
他們不但會記上一筆妳的不誠實
最壞就是他們會學會妳這個劣行

這不就是背叛嗎
這不就是欺騙嗎
這不就是壓迫嗎

想過妳老公或朋友哄妳的樣子嗎
如果他們跟妳這麼推託和欺壓
妳會怎麼反應呢
孩子的反應有時會更讓大人惱火
於是又是一場毒打或叫罵
這一大一小不公平的戰火
敗陣的一定是小孩
但輸的一定是媽媽

輸了誠信
輸了一個孩子對媽媽的信任

下次妳再哄與騙
他可能還是會信妳一次
就像妳會再信妳的老公或朋友
上當　可能都要多上幾次當才會學乖
但也有可能永遠一直上當

這傷痕就會交錯的重疊

哄
會哄成騙的
因為用的字眼越來越熟練
因為發現哄可以哄出許多模糊空間
妳進出這空間越頻繁
妳就可能騙過自己而不自知
被妳哄過而痛醒的人不會忘記妳的真面目
只是妳以為妳騙得過別人

不把跟孩子說話當一回事的人
就如同在佛前貪婪的許願
以為在這個別人聽不到的交談裡妳就可以私心大發不勞
而獲
這種仗妳是大人的勢來欺壓孩子的心態
妳設下了外人闖不進的鐵幕
妳怎會說話公平並帶著耐心

做不到就要跟孩子認錯
不然孩子受到的積怨會一再累積
然後慢慢築成了心牆
再也看不到彼此說話時顯露出的面孔

MOM
73

相親

逼著孩子去完成婚事　不管孩子的意願
這樣的心態跟滿清逼女人去裹小腳有什麼不同呢

這次是他今年第六次相親了
他依照媽媽的命令穿上他平常怎樣都不可能穿的西裝
凡事多做幾次就會有的熟練和穩定
當媽媽問他：「你準備好了嗎？」
他報以微笑並提醒媽媽記得拿她做的手工肥皂

這手工肥皂是媽媽自製生產及販售的
總是不吃虧的媽媽認為就算相親沒相成
也要把這次當作產品的推廣會
回想第一次相親時他的不耐煩不情願和不知會發生什麼
他現在已經清楚他出席這活動的目的
就是滿足媽媽短暫的幻夢和回報媽媽最常掛在嘴邊的養
育之恩

「總不能一直相親下去都不成功吧？你難道不覺得透過相
親也能碰到對的人嗎？」朋友問。
「未來的事很難說，所以不值得去設想！」
他之所以會如此順從媽媽

跟媽媽得了癌症有關
他也不排斥會跟某個相親的人結婚
並完成媽媽的期望在有生之年抱個孫子
他也清楚這樣的婚姻對另一個人不公平
但這兩三年相親的結果
他發現女方的心態比他更遠離真情
她們大都認真的考慮結婚和期望相親有好結果
即使約會也不多問什麼
好像結婚的標準在父母雙方談判前就議價好了
有個正派身家　門當戶對　良好職業　固定收入
看得順眼
至於內心是否契合　興趣能否相投　已不是重點
所以他有可能跟他這個自私的母親一樣
孩子的感情幸福不值一提
該想的是
能否讓兩家風風光光跟大家展示婚禮的成果

當車子前往酒店的途中
媽媽再次叮嚀他不要提到過往的感情經歷
因為他的前任女友是大他十歲的離婚婦人
這也是媽媽執意要幫他相親的原因
他一向很痛恨媽媽的不誠實
但現在他也慢慢發現這假象不是媽媽發明的
是這個時代共同的命題
也許今天的相親對象是個女同性戀或是已跟有婚之夫在

一起
誰都不信任誰
信任只有在要攻擊對方時才會拿出來當武器

假日的相親活動
雙方的親朋好友出席率特別高
為了展現最好的一面雙方也就明顯的假
大家都刻意搬出善意輝煌的笑容
以能順利完成使命為依歸
誰是真的在為他找一個讓他滿意的另一半
大家看重的是不要吃虧的條件
最不在乎的是實質的感受

早期的相親經驗
他常被自尊心卡住
自覺去相親的人都是「有問題的人」
不是身體就是心靈有問題
不然怎會年紀輕輕就來相親
就算是因為奉父母之命
那也是女方最害怕的一種男性
聽父母的話聽到這種地步的男性怎麼嫁啊

所以他做了調整
這不是他的感情諮詢
是孝敬媽媽的演出

能在這個場合找到可以一起逗父母開心的同類人
就是福氣

第一次由雙方親朋引進門相遇之後
他們可能還有再次單獨見面的機會
如果雙方認為還有必要的話
他大部分都會跟對方挑明說：很辛苦吧！
這句破題的話很受用
雙方都可藉機輕鬆不少
往往也在這樣的開場後獲知雙方的難處

其實有些來相親的人並不是單身
他們只是不想讓家人知道他們的感情狀況
比如有些人是同志
有些跟已婚人士交往多年了
有些甚至還私下有孩子
有些根本對婚姻懼而遠之

逼著孩子去完成婚事
不管孩子的意願
這樣的心態跟滿清逼女人去裹小腳有什麼不同呢
如果結婚是父母養育小孩的交換條件
那父母要不要老實說呢
為什麼要結婚
可不可以請父母告訴我們

婚姻裡需要什麼現實配備
生孩子養孩子買車子買房子不需要錢嗎
沒有任何提醒嗎
沒想過孩子若扛不起這個負擔時怎麼辦呢
兩人的性格溝通呢

一場歷時三個小時的相親宴
似乎也成了他和媽媽每隔一段時間的共同活動
也許他跟媽媽就這樣繼續下去
發現沒有誰配得上她的兒子
相親最有意思的地方是
像是母親節的活動
孝敬母親最好的禮物

考題的答案

不看重真實的人生只想要暫時的領先　這毒就是教育制度
讓家長師長孩子共同吸食

女兒又要參加作文比賽
她一直纏著媽媽幫忙看她寫的內容
媽媽趕著做晚餐沒好氣的說：「去找妳爸爸，他是大作
家呢！」

爸爸是專業的作家
他早就聽到這對母女的談話
還沒等到女兒來找他
他就聽到女兒說：「爸爸寫的那種作文，老師不會喜歡
的！」

那種作文是哪種作文呢
爸爸在書房裡無聲的搖頭
因為孩子認為凡事都講真相的作文是不會得高分的
而他爸爸的作文就是屬於這類不會得到老師讚賞的類型

晚餐時他和太太及女兒討論作文這檔事
他告訴女兒作文最重要的就是

要教妳觀察和思考並寫出見解
作文若只是為了滿足老師的制式答案
那又何必作文呢
當妳寫「我的家庭」的作文
內容只能寫好話結論只能感謝爸爸媽媽的辛苦
那意義在哪
長期用這樣的腦袋寫作文
最後會讓孩子只會說別人期待的話
如果說這樣的文章以後畢業後仍會受人重視
那還算是有利可圖
但事實並非如此
這只會把孩子變成不會寫文章的人
文章裡只會出現官腔官調的字眼

這位媽媽以前還是出版社的編輯
她最清楚這樣的文章在社會上是一文不值
除了很會寫官樣的公文並沒有什麼價值
可晚餐後
母女倆又持續討論著可以讓她們獲得高分的作文考題

爸爸心裡想
往後要花多少時間才能讓孩子從這樣的思考泥沼裡脫身
才能不像那些在學校裡考高分卻在社會裡說不出半點自
我觀點的人
分數已是過度關心孩子成績的媽媽的毒癮

她們看不到未來只在乎眼前
不看重真實的人生只想要暫時的領先
這毒就是教育制度
讓家長師長孩子共同吸食
好像在這樣單一的評價下挫敗的人都不能仰起頭過日子
這就像整個社會把女人要定義成瘦
不然妳就會被恥笑一樣
這標準不是很可怕又可笑嗎

由於爸爸在孩子還小的時候都太忙於工作
他也很難有立場堅持己見
否則媽媽會說：「你的想法都太理想，不然你來教！」
所以爸爸閉嘴了
他又回到他那書房寫一些女兒認為都是歪理的文章
打開電腦
他寫下：
一切以分數為準則的人生
一但失去學校的考題
就可能不會作答
因為沒有人給他實質的評分

流浪的孩子

孩子是大家共有的　不管是不是你自己的孩子
他們都會是你未來的一部分　他們都是明日的大人

年前我去英國拍攝 MV
有次搭火車勘景
在和導演討論劇情的時候
忽聞兩位中年婦人在爭論
一位是當地的英國婦女
一位是吉普賽婦女
這位吉普賽婦女還帶著年約六歲的女娃

我問隨行的翻譯員她們在爭什麼
翻譯員說：「這位英國婦女一直指責這位吉普賽母親，
不該帶著孩子行乞，這會給小孩很不好的影響，是很壞
的教育。而這吉普賽的母親則回說她們沒有謀生的能
力，都吃不飽了，怎會有能力接受教育。」

這個畫面讓我印象深刻
尤其是那個女孩
她穿著傳統服飾
臉上因凍傷而兩頰通紅

一手拉著媽媽的裙襬
一手拿著棒棒糖
在不停晃盪的車廂中
看著正盯著她看的我

這幾年來在很多城市
我不時會遇見在街頭行乞或賣東西的孩子
即使在零下的冬天深夜
他們依然不睡的工作著
這些孩子都偎在扮演可憐媽媽或奶奶的懷裡
有的甚至還不足歲
在人潮往來的街邊
在音響震天的酒吧前
在環境惡劣極不衛生的角落
伸手跟人要錢或硬糾纏著路過的行人
有時還會偷竊、行騙及搶奪
他們大都不再上課了
有的還是詐騙集團拐騙來的
很多當地的朋友見狀都會提醒我
他們都有人在操控不要被騙

這樣的孩子背後可能都有一個集團
也可能有一條被切斷的親子關係
不管他們的爸爸媽媽是自願把他們賣掉的還是被偷走的
孩子流浪在街上卻是事實

這表示政府和大眾漠視他們悲涼的處境

那些失去孩子的爸爸媽媽沒有報警嗎
那些管轄區裡的警察看到行乞的孩子不能上前盤查嗎
政府不能立法保護孩子嗎
就算沒有同情之心也該現實的想一想
一旦這些孩子長大變成了社會問題
這些負擔不是要全民用納稅的錢來埋單並承受更多的動
亂嗎

孩子是大家共有的
不管是不是你自己的孩子
他們都會是你未來的一部分
他們都是明日的大人
混身在人群之中
你不會看到他們和其他人有何不同的地方
因為所有交錯的傷痛　不平的憤怒　被棄的絕望
會一輩子烙印心中難以抹滅
為了保護自己
為了不讓人輕視自己
他們會將這一切的經歷隱姓埋名
所以你不會看到不會碰到更不能體會
他們知道當大家知道他們的過往
不但不會伸出援手可能還會鄙視遠離
因為生長在那麼險惡不德不仁不義的時空裡

人格慣性與惡為伍的人
誰能信任呢

當你在煙霧瀰漫的夜總會碰到這樣的孩子跟你賣花
當你走出車站幾個孩子纏著你要錢
當寒流來襲突然從樹叢跳出一個孩子跟你要東西吃
當一群十多歲的孩子在車陣中冒險發宣傳單
當你看不到有些孩子被騙到暗巷賣淫
當你想不到印度南方很多兩歲就被賣到阿拉伯當駱駝騎
師的孩子
（阿拉伯駱駝比賽就像香港賭馬，為了讓騎師重量越輕就
採用孩子，很多孩子常因摔下而死亡）
當聯合國已明定禁止企業使用童工
如此大不同的命運你想像到什麼
如果是你　你會怎麼過
得了奧斯卡最佳影片的印度電影指出的是冰山一角
還不是最慘的
但我們可以用一句：「唉，人那麼多，哪能都照顧到！」
就避開嗎

無知造成貧窮
貧窮導來無知
因為不知道生了孩子該具備什麼能力才行
因為不明白沒能力養孩子該怎麼求救
因為什麼都是在無知的狀況下狀況只會變本加厲

因為政府沒法幫助他們脫離貧困
因為貧富不均太過嚴重會是二十一世紀人類最大的戰爭
因為真的需要更多的愛來修補這些孩子的危險心靈
因為我這個人生太多人說一套做一套太假的公益心

每個流浪的孩子
都是我們社會的整體良心的瘤
你忽略他　他就會蔓延

羞恥心

一帆風順的命運往往帶來的是不知天高地厚的膚淺

這是一個聖誕節富人間的聚會
來的人都帶著家眷
他們這一家人特別引人矚目
因為他們的孩子一看到菜上桌就整盤拿過去狂吃
大家都看出這孩子的不對勁
爸爸倒是氣定神閒地和同桌的人點頭
並請服務生再上一盤
穿著名牌滿身貴氣的媽媽卻很心虛的說：「我這小孩有
過動症，但我的大兒子是正常的！」

這句話卻引來更多疑惑的眼神
她是在為她這過動症的孩子說抱歉嗎

若要怪這媽媽的不當發言
不如來看看這媽媽到底是因為什麼壓力而感到羞恥
這媽媽從小也是個過動症孩子
她非常清楚人們對過動症的不耐煩和嫌惡
總是靜不下來　總是跳躍式語言　總是推倒東西掉了東西

沒有朋友　因為沒有人要一直出狀況的朋友
她慶幸自己不是太嚴重的那種
所以她會隱形起來
讓所有人以為她只是很急躁而已
也就是說她從未就醫　只是憑著意念和羞恥心來掩飾

就像有人為了不讓自己的同性戀傾向曝光
就會狠狠的批判同性戀一樣老舊的手法
他不知道大家漸漸已看透這話背後的動機
背叛同類　背叛自己
可見我們還是在心靈很落後的年代
沒有同理心
不知照顧和尊重弱勢群體

很多媽媽都有這樣的羞恥心
她們通常都是心慌意亂的遮掩自己的不安
羞恥孩子的功課比人差
羞恥孩子長得沒人好看
羞恥孩子上臺不得體
羞恥孩子到了適婚年齡嫁不出去
羞恥孩子娶到煙花女子
羞恥啊　她們不知道這羞恥才是真的羞恥
看不起別人代表的是一個爆發戶的心態
以為自己有錢就高於窮人一級
這是未開化的腦袋的結構

長期被這樣的鄙視對待的孩子不會沒有知覺
他們分不清媽媽的這種思維是種疾病
於是他們會因此埋下恨的種子
並會在往後開出看不起媽媽的花來

怎麼才能讓媽媽放下對孩子的羞恥呢

很難的考題
但可以這樣想想
會鄙視妳的人其實是社會的敗類
他們敗在這樣的思維很容易造成族群的對立並釀成戰爭
如果妳太害怕他們的勢力
那就在心裡跟自己說：「我是特別的，他們不知道！」
誰都無法讓世界配合我們的需求而改變
但忍耐會帶來思考
痛苦會挖出感受的深度
一帆風順的命運往往帶來的是不知天高地厚的膚淺
多想想這樣會給孩子什麼壓力和傷害
我知道人不可能不在乎所有外界不人性的評價
但盡量保護自己
盡量保護自己在乎的人
如果我們希望自己被自己佩服
沒做一些難度高的改革
妳的膽怯將帶妳沉淪在害人害己的鄙視眼神裡

一看妳
妳的頭就低下了
這就是恐懼
可憐他
給個慈悲的微笑
化解緊張
不管多麼難
不放棄就有希望

為什麼不說父愛真可怕？

最好的母愛是不會讓母親捨命受傷經歷十八層地獄的

因為跟母愛一比
父愛根本不夠格
所有的母親和所有的父親對孩子的付出
光從時間的量他就慘輸
是重量級和輕量級的天差地別

再者　我對看到「母愛真可怕」就說「為何不提父愛的
可怕」的人
有三點提醒
一是當有人說「母愛真可怕」時
不一定是在害母親
也許是在提醒大家
也許就是因為大家給母親過度的壓力
才讓母愛變得可怕

二是把父親罵到死
也不能讓母親因此好過一點

三這不是一場父愛和母愛的打鬥
重要的是讓母親和孩子的生活改善
你把母親弄到無高至上
就不會有改善的需要

這世界所有歌頌母親的電影都是苦到爆忍到死的角色
老公要不是重病　不成材　不然就是死掉
總是生了一堆長大就不和的孩子
命苦的一定難逃婆婆的惡整
命慘的一定歷經天災人禍夫離子散
她們的偉大靠的是咬緊牙根以德服人
再痛再心碎最後都不會忘記笑著流淚
這樣一致的樣板說明了普世價值只認定這種標準
所有的媽媽也盡量往這標準邁進
沒想過少生一個兩個孩子就不會那麼苦
沒想過做一個更輕鬆的媽媽對孩子會更好
人活著不是為了得到毫無實質意義的獎杯

太美好的事物
小心上癮
孩子對母親很可能就是太美好的事物
她們不小心就會把生命都奉獻給孩子
如果母愛的偉大是這麼狹隘的定義
那不就是鼓勵每個媽媽去死嗎
家　不是戰場

不必想得那麼慘烈
把媽媽逼死最可憐的還是孩子

真要對媽媽好
該在聽到有人說母愛很可怕時
就豎起耳朵
因為又有個媽媽需要幫助了
因為最好的母愛是不會讓母親捨命受傷經歷十八層地獄
的
她會是平和又滿足
和孩子互相學習而不是病態的互相依賴
二十四小時不打烊可不是什麼美德
這代表妳工作量超時
一個不知節制給予的母親
長期下來就會變成心理疾病
她們會不自覺把自己的生命掏空
全塞進孩子的所有行程
沒有自己只有孩子
可想像當孩子獨立不再那麼需要她時
她會多崩潰

這絕對不是偉大的情操
這是感情狀態的嚴重偏食
把注意力全放在一個人身上
對那人就是可怕的事

妳能體會一直被強力關注著的感覺嗎
其實是很不禮貌又不尊重

不論父親母親
只要是長時間陪伴孩子成長的
那種關係產生的愛
都是母愛
不論父親母親

默聲人

身為這家庭一員　我們習慣性隱忍不會表達

我不說話已有半年
自從我被爸爸打了五個耳光
造成我右耳膜破裂

聽不見聲音
真的會影響說話的欲望
尤其在一開始
我一開口就被人緊張的提醒
說話小聲一點
然後我就漸漸不說話了

在這半年
我認識一位隔壁班的女生
她叫小狗
小狗和我一樣是家暴的受害者
她的臉有一長條疤痕
是六歲時被爸爸從車上推出去挫傷的痕跡
我們今年都十七歲

不知道是受我影響
還是她更早受到家暴的恐懼
小狗也不愛說話
我们連見到面的興奮
也只是用微笑表達
兩個人互相關心
也互相愛慕
最常的語言是MSN上的聊天
有回，她在MSN上寫道：「你在我腦袋裡講了一天笑
話，是為什麼？」
我回：「好笑嗎？」
她則回：「不知道，我只是感覺你一直在說笑話，你笑
得好開心啊！」
我回：「那就表示我們是男女朋友了，真好！」
就這樣
兩個默聲人宣布愛情宣言

爸爸酗酒是我有記憶就開始
他打我
更早是打媽媽
媽媽學歷只有國中畢業
毫無工作經驗
因為她是奉子成婚
第一胎就懷了我

接二連三在四年內又生了弟弟妹妹

她的眼睛長期因砂眼未治
已習慣瞇眼看人
一看人就皺著眉
爸爸每次喝醉就罵媽一臉帶喪像
打她時我們三個孩子也不敢護媽媽
因為他會打更兇

爸爸原本是水電工
因染上酒癮已十年無人要他
他在外一條蟲在家一條龍
養家指數逐年遞減
從我上小學就靠親戚鄰居接濟
弟弟妹妹在他們就學前就脫離苦海給遠親領養
媽媽和我成為爸爸最後毀滅的見證者

身為這家庭一員
我們習慣性隱忍不會表達
我從未有記憶媽媽跟我們對過話
她每回瞇著眼要我們吃飯或洗澡
都用手勢或拿毛巾表示

爸爸醉死在溪頭前一天
媽媽和我因去向鄰居借學費晚回而被罵

他沒喝酒
因沒錢買酒而煩躁
他向媽媽要錢
媽媽沒回應
他一巴掌揮過去
我上前擋　越擋　越打　然後他走人

隔日傳來爸爸的死訊
里長按了十幾聲門鈴
我沒聽見
我才發現我耳朵壞了

對媽媽和我來說
爸爸的死不是個結束
他早就關閉我們對世界的傾聽
我和媽媽在他過世後仍舊安靜
我們在同個屋簷下因我不說話後更少交集
我常想若她會MSN的話
搞不好她會打出她這輩子未說的對白

小狗看完我告訴她的我的家境
她說很多被人飼養的動物跟我們很像
該不該餵飽
需不需要散步
想不想談心

其實都不能期盼
這對很多現代人來說很難相信
但窮到底的病態家庭大都如此
人這麼毫無想像
當然就無法關心

我很慶幸自己遇見小狗（哈，一隻可愛的動物）
我願意一輩子和她紙上談兵
她就算有天能成為我老婆
我也不用語言溝通
至少我聽過的話大都粗暴難聽

小狗頗同意我的觀點
我們今年十七歲
能找到可以傾訴的對象實屬難得
對媽媽
我希望等我有能力時
一定拖她學電腦
而不像我只能偶爾去表弟家借用
我要教媽媽交友
和默聲人聊天
這是個龐大的族群
我們這種人的福音

爸爸

這封信是我告知你的近況及未來的希望
你在的時候你不知道
因為我也不知人生可以這樣
所謂的葬禮因只有我和媽媽參加
變得簡單安詳
我沒有打電話告知弟妹
因為你已拋棄了他們
最後
我希望你保佑媽媽不再孤單
看她哭得孤單
可見你已把她訓練成寵物
雖然處境悽慘
但也習慣有你作伴

就這樣吧
燃完最後三柱香
默聲人和你在心中道聲再見

發現自己不適任當媽媽不是罪過

因為強迫不適任的媽媽續任
就如同把孩子託付被魔鬼附身的媽媽照顧一樣

媽媽到底有幾種呢

會抽菸的媽媽
不愛做家事的媽媽
沒有耐性帶孩子的媽媽
一談戀愛就昏了頭的媽媽
會為孩子犧牲自己的感情的媽媽
不知把幼兒獨自放在家中是危險的媽媽
沒法讓孩子上學也不知求助的媽媽
老愛暴怒偶爾會暴力的媽媽
會幹壞事的媽媽……
我們一定要承認
媽媽真的不能歸納成一種
不能假裝看不到有以上的這幾種媽媽
她們有的是因為能力不足
有的是因為命不好又沒法抵抗
有的是個性不成熟使然
她們不但不是少數

而且有些還藏身在偉大的母親的行列
表面一套暗地一套
是人　就會有好人壞人
一樣的媽媽也會有適任和不適任

當大多數的媽媽都是當了媽媽才開始學作媽媽
絕大多數都是新手上路
發現自己不適任當媽媽怎麼辦
我建議勇敢說出來
而且越早越好
因為強迫不適任的媽媽續任
就如同把孩子託付被魔鬼附身的媽媽照顧一樣
那住在媽媽心裡的那隻鬼
會做出鬼才做得出的事
如果孩子的爸爸也不適任
那可以考慮給人領養
給可以信任或正派經營的單位幫忙尋找養父母
不能棄在別人家的門口
這不是電影裡的抗戰時代
那時代的人大都貧賤或無知
妳可以打電話到政府單位洽詢
也有很多慈善單位可幫助
不要因為怕別人笑妳是個不像樣不負責的媽媽
如果妳連這罵與恥笑都不願面對
那妳真的是個糟糕透頂的人

是的
這時代沒我們想像的進步
我懷疑大多數人仍會鄙視別人
這些人最荒謬又可惡的地方是
他們會把這些媽媽批得一文不值
卻又不准她們放棄撫育孩子
硬要把孩子和沒能力照顧孩子的媽媽綑在一起
硬不承認就是有不適任的媽媽
還一副自己多麼清高
還以為自己有權給人定罪
面對這類到處可見的衛道人士
為了孩子和妳以後的平順生活
妳不勇敢一點
妳就是爛人

很多孩子寫有關「我的媽媽」的作文的時候
即使在小學三年級就會知道只能歌頌母愛
是誰教他們的呢
答案是陷害媽媽的人
這就像把每個人都剃了光頭穿了軍服
你再也分不清誰是誰
大家只是同一個符號下的一個數
就像只允許這世界只有異性戀一樣
這種駝鳥的心態將會造成很多孩子受害受苦

所以在真實人生的作文裡
偉大還是最容易得高分的字眼
而且分數是由家人和老師一起給分和把關
不鼓勵說真相
不贊同揭發母親的惡行惡言
這樣的教育到底是在保護誰

不要一錯再錯
讓孩子到可以好好成長的人身邊
也許有人會說這不是在鼓勵不負責任的人亂生孩子嗎
是的　會說這話的人真是官僚
像早年的公家單位辦事的人
隨便一個假設就給你退件
無視一個媽媽和孩子的求救

交換計畫

不要讓他失去學習的樂趣　不要讓他痛恨所學的一切
不要隨意在他生命的白紙上寫下妳的規定

如果妳沒有多餘的預算讓孩子補習
如果妳的孩子放學後真的需要有家教幫忙解答課題
有一個方法可以試試看

妳可以找孩子同班同學的幾位媽媽
三到五位都行
將媽媽的專長分類一下
國文　數學　社會　自然等等分類
某一天 A 媽媽負責教國文
另一天 B 媽媽負責教數學
如果有五個媽媽一人負責一天
孩子可輪流到每一家或固定在某一家中做功課
這樣媽媽可有四天休息
孩子一起做功課也會比較起勁
如果媽媽間能教孩子功課只有一兩位
沒法教學的媽媽可負責提供場地或準備晚餐
甚至可找大學生來幫忙
提供晚餐及微薄酬勞

交換是現在很流行的方法
可以節省費用和時間
並讓孩子們放學後的學習環境有些變化

有時也可以更簡單一點
和孩子程度較接近也較熟的同學
一週媽媽各負責兩天
學習和生活一樣
能多點創意能更有效率能重視休息能常保開心
這是最好的家教
不要讓學習路上變成媽媽間的競技場
天天緊繃著神經除了分數看不到其他

我很懷疑
那些把做功課塞滿每天行程的媽媽究竟什麼最重要
這就如同婚後就把孩子的成長變成唯一而忽略其他部分
到底是為什麼
很怕孩子沒照妳的規畫前進
於是孩子就變成妳唯一的成績單
他的分數落後妳比他還痛苦
他的弱點不改就成了妳心中的汙點
這樣下去會像陷進流沙一般
再難自拔也不能自省
以為沒這樣做孩子就完蛋了
其實完蛋的是等孩子長大要離妳而獨立時

妳就會感到莫名的空虛
像一隻從未離開籠子的鳥
來到天空之下
卻不知怎麼飛翔

這樣的媽媽教出的孩子也會有很多問題
習慣有好成績習慣有人幫他訂好學習日程
生活中沒有一點時間是讓他放空、自訂和想像
結果就有可能突然叛逆或沒能力規畫自己的生活
因為他長期不被鼓勵自立自主
其實就是不被信任
很多放不下心的媽媽的問題就是不信任孩子

不信任他就是名次掉了十個
也不會從此一蹶不振或失去競爭力
看不到很多令人尊敬的名人
是有一些很糟糕的缺點
但也無損他的地位
不要太過緊張
學校這些功課並不是樣樣都值得用力學習
妳若不承認這麼用力的關注孩子
是很容易演變成「以為自己可以打造別人最好的原型的
妄想者」

不要讓他失去學習的樂趣

不要讓他痛恨所學的一切
不要隨意在他生命的白紙上寫下妳的規定
妳要盡責的是讓他愛寫功課
而不是要他勇奪冠軍
一直是第一名的孩子最好及早讓他知道
第一名的虛處在哪
大人都會有大頭症了
妳以為妳和孩子就能免疫嗎

交換計畫交換的也許是腦袋
妳若不懂有時要把孩子趕出妳的腦中的重要性
妳就不會找到當孩子長大時該有的距離

心疼妳

不要那麼用力跟一個人貼近　這不僅不禮貌而且會讓人生膩

也許妳需要一張椅子
也許妳還需要一點坐下來的時間
就像奧運的冠軍選手也需要偶爾從冠軍寶座下來歇歇
不要再追趕了
別忘了搭火車是要到達妳要去的目的地
不是為了趕無盡的下一班火車
永遠只在乎第一個趕上火車這件事
千萬別上癮

跟其他人不同
我不僅要扯下妳的面具
還要逼妳看見真相
偉大的面具都是別人給妳戴上的
所以不是妳的錯
但真相到妳面前妳還不看
那就是妳閉著眼睛走鋼索

這是從一個女孩走向一個媽媽的鋼索之旅

鋼索之下的谷底擠滿一群不斷歡呼的群眾
以前的人給媽媽設計了許多比走鋼索還要殘忍與危險的
表演

女人一嫁人
老公若早死就設貞節牌坊　表面是頒獎實質是禁欲
可年輕的鰥夫為何就沒這個特殊待遇

一結婚就無止境的拚著生男孩沒人問她願不願意
她也就冒著生命危險想辦法生個男孩

明知道孩子對母親就是個癮根本不需要再鼓舞
卻相反的用力期待媽媽為孩子無止境的投入

這些戲碼不勝枚舉
不外有幾個重點
壓制女人的性欲
作個偉大的媽媽
順從的女兒
無才便是德
能力太強的女人男人不愛
這些可笑又鄙視女性的標準還是存在這個年代
而且大部分都是女性在堅守
她們像滿清最後纏小腳的女人走在二十一世紀
誰要反抗還都要費點心力並受盡壓擠

也許看到這一頁妳感到洩氣
怎麼整本書都在說媽媽的可怕之處
但如果我說的不盡然沒有道理呢
當我們去作健康檢查
醫生拿著檢驗結果跟妳報告妳的多項病症時
妳難道會以為他是在否定妳在工作上的成就嗎
不能只聽好聽的話
不是妳常跟孩子說的話嗎

不要那麼用力跟一個人貼近
這不僅不禮貌而且會讓人生膩
孩子是一張白紙
妳把這張白紙塗滿妳要的顏色是正確的嗎
妳以為能把擔心的事都想齊嗎
既然不能
為何不讓他試著去塗塗改改

媽媽的辛苦是會因為長途跋涉而累積的
妳披星戴月背著孩子奔向那充滿危險又不可知的黑暗世
界
妳自覺妳帶他來到這世上妳就對他有責任
但責任不包括不讓孩子碰觸危險和思考未知
妳要想想在沒有妳的保護下他能否獨立自主才是重點
人都是當了媽媽才開始學著作媽媽

有些人甚至到孩子已長大成人仍不得要領

這要怪前人留下的媽媽形象都是既可憐又壓力過重

所以妳要不顧一切扛下所有重擔

過程都是吃力又不討好

沒有人會提醒妳不該把生命重心放在孩子身上

因為有些媽媽可能因此想一輩子霸占孩子

這世界甚至病態到見不得輕鬆又愛玩的媽媽

儘管她是因為規畫得宜才能如此愜意

她把孩子交給專業人員帶自己只擔任親情的陪伴

她跟孩子沒變得不好或不親

相反的她的親子關係比一般人好很多

因為少相處就會少磨擦就會留下美好回憶

風風雨雨

歲歲月月

妳跟孩子十多年的密集交集

有很多難以忘記的革命情感

但也會有說不出的傷痛期望

說實在的這一切都是妳一手導演

妳只是不自覺的要比事實到來的前一步作好預演

所以他的成長之路處處看到妳的足跡

妳放下了妳對他的期望

妳挪開了妳看到的障礙

妳每給的一份愛妳疏忽了有可能是個傷害

妳可能剝奪了他對失敗的體驗

妳忍不住想為他做的事妳都解釋成愛

愛得如此義無反顧怎會知道疲倦
這也是母愛有可能變得可怕的原因

就是因為見到如此嚴重的傷害
對於母親和孩子
能一起揭發和討論
就是心疼妳才會有的心願

從小到大怎麼分配都不能公平的尷尬

語言中不自覺透露的偏見埋下惡因

這都是不把人當人會有的心態

不知這不是養寵物

不知這些種下的惡因最後產生的惡果都是妳要吞下的嗎

心願

如果一個窮人因窮困不得不放棄夢想
那為何有錢的人還要為錢放棄夢想

爸爸一直希望小志承接家族企業
小志自認不是自己的志向
一再反抗的結果
媽媽出面了
媽媽說：「你想做音樂，做音樂能養家嗎？能當事業嗎？」
小志一聽就火了
他懶得跟爸爸的傳聲筒講話

他懶得回話的原因是媽媽根本不會聽他講話
他不信這些話有那麼難以理解
除非她是抱定他說的都是歪理
為什麼做音樂就不能養家
就算不能當上知名又有成就的首席音樂家
當個音樂老師也不錯啊
難道做爸爸的化學染料的事業就一定有保障嗎
沒看過上市的企業二十年後突然倒閉嗎
為什麼不能讓孩子做自己喜歡的事呢
家族企業傳子不傳賢的模式很容易衰敗的

不見奏效
媽媽勸服他的方法由無形轉為有形
她停止提供他學習編曲的課程費
她的理論是
真要是做音樂的料就須靠自己

小志雖不高興但仍覺這是還算合理的回答
他開始打工
但媽媽又改變策略
她要他回家打工
「一樣是要打工，你回來幫爸爸吧！」
他不想但又苦於家裡的打工收入高又穩定
他不想因耽誤課程而接受了這個誘惑

從此他們相安無事了兩年
他畢業後的兩年很是波折
待過的音樂公司人事變動太快導致失業了半年
這又讓媽媽逮到機會了
她要他變成正式的員工

小志的朋友常笑他笨
為何不當個現成的小開
沒什麼經歷就有了高頭銜
出門辦事就算是老前輩都不會忘記你是老闆的兒子

輕輕鬆鬆業餘做音樂不是很棒嗎

小志看到的卻不是這一面
他看到大家不敢得罪他但都會看輕他
把未來的生活放在不感興趣的事物上怎麼會安心
人不該為自己的理想而活嗎
如果一個窮人因窮困不得不放棄夢想
那為何有錢的人還要為錢放棄夢想
原來爸媽以前說的學校教我們要為夢想而戰的話都是屁
話

小志甚至想到全世界所有為達爸媽的心願而背叛夢想的
孩子
那些不想當醫生的醫生
那些不想嫁但父母要妳嫁的女兒
那些要把未來藍圖都交由父母策畫的動作
父母都會解釋成「成熟又正規」的事
有的還會毫不遮掩的說要你完成他們的心願
意思是說這是他們養你一輩子要的小小的回報

這些回報
有的是要你和他們看中的人結婚
有的是為了企業結盟
有的要你做他們要你做的事業
有的要你一輩子跟他們住在一起

有的會把你賣了來解決家中困境

有的請你幫弟弟還賭債

有的教你從軍

有的要你出家當和尚

無奇不有的要求

這根本是恐嚇

他們不會看到完成這心願帶來的反效果

他們不會想到這孩子可能會因不適任把公司拖垮

他們不會想到這孩子可能因沒有愛終歸要離婚

他們不會想到這世上可能因此多了位因不快樂而情緒不

穩定的醫生

最可怕的是漠視孩了可以主宰自己未來的權利

而這點最可能讓孩子最後恨你

因為不能自主的人生的怨恨一直是人類最在乎的痛處

不然也不會那麼多人強調自由民主的普遍訴求

小志最洩氣的地方在於

沒法和父母理性的互表感受

他不求他們接受他的選擇

但他痛恨他們對他無聲的搖頭

好像他是個傻瓜

他們沒有一絲絲心願意聽他的意願

更沒有一絲絲體諒他這年紀需要的精神支持

他很想大聲告訴他們：是的，我很嫩，所以成功和失敗

對我都很重要！

終於到了走投無路的這一天
小志還是乖乖的回到家裡的企業上班
因為他為別人作保被騙了一筆對他而言不小的數目
他沒讓家人知道這事情
上班的第二天就逢媽媽過生日
當晚全家聚在一起切蛋糕
媽媽感性的許下三個願望
第一個她希望自己永遠青春美麗
第二個她盼望小志領軍成功
第三個她當然沒有說出

睡前小志閉上眼睛後
腦子忽然浮出一個大蛋糕
蛋糕插上一個跟他一模一樣的小志蠟燭
當媽媽點燃一根火柴點向他時
他的驚呼像火苗點燃的剎那
他跟媽媽說：祝妳生日快樂！

兩個孩子

是的　他終於聽到了　那種比死還冷的一聲嘆息

TOM今年二十一歲
高中畢業後就不再升學
爸媽對他是無能為力了
所以TOM成了他們家的隱形人
有時兩三個月不回家也沒人在乎

先形容一下這個家的成員吧
爸爸在公家機關擔任雇員
媽媽是小學老師
弟弟上國二資優班是爸媽僅有的安慰
這天TOM又從空氣中冒出來
他來到餐桌
安靜的用餐過程連一句驚訝或詢問的話都沒有

TOM知道他在這家是什麼地位
他餐後主動洗淨餐盤
雖然他知道之後媽媽會再洗一遍
回到客廳他打開電視

爸爸輕聲的提醒他把音量降低一些
他說電視越來越難看然後就關機了

上樓進臥室前他折到弟弟的房間
弟弟挺直腰桿專注的學習著
牆上掛滿了獎狀和獎杯
他拍了一下弟弟的肩膀
弟弟沒轉頭但回了一聲哥好

「你聽，媽媽在偷偷洗碗了！」
弟弟只是嗯了一聲
「你最近過得好嗎？」
「沒什麼問題。」
「我的問題就很多，呵呵！」
他最近就有一堆麻煩
他的上線阿良販毒被抓了
很怕警方遲早會循線找到他
阿良是那種會把朋友供出來的人
「弟，你好好讀啊，別像我一樣，連爸媽都不要的人！」
弟弟這時轉過頭來，說：「不要？你知不知道，你不在
的時候，他們都在談你。」

一連幾天他都睡到下午四點才起床
因為他不到早上六點沒法入睡
這時家裡沒有半個人在

他特別喜歡這段時光
無拘無束的在最熟悉的子宮內遊盪
彷彿回到童年時期
在國小四年級前他都是班長的輝煌時段
他那時候一週只能看兩小時電視
剩下的娛樂就是一週三天的游泳課
遇到任何大考小考週考抽考全家就進入備戰狀態
爸媽輪流幫他複習
每一次成績宣布全家的心都揪在一起
這是全家共有的成績單

國小五年級發生了一件事
他得了他生平的第一個敗仗「第二名」
像是純白的新衣上沾了個黑點
洗不掉
當天爸媽的無語和他現在的處境一模一樣
他的父母最擅用沉默來表達絕望
他們為了怕被別人指責過度在乎分數
所以選擇了更讓人看不出的懲罰
沉默原來也可以這麼沉重這麼實在的壓迫他的胸口
他用力的喘著
想吸到氧氣
已有兩天沒跟他說半句話的父親見狀：「不舒服嗎？」
他搖搖頭正要回些什麼就聽見媽媽說：「他是心病！」

終於她說出了心裡話
TOM忽然覺得自己像一紙風箏
被他們努力的奔跑　放線　直到揚起
他們先讓他嘗到高飛的快感
嚮往雲上的日子
然後慢慢的來到了頂點
高而冷的飄浮
到底是自己飛翔還是受他們遙控
他越來越迷惘這高度的意義
越來越清楚這維持的慌張
他時而會閃過父母對於他敗陣後的可能反應
是的　他終於聽到了
那種比死還冷的一聲嘆息

自那以後
他也學會了他們的沉默
他不看書不準時回家不和他們交談
他想試探這對夫妻憤怒的高潮是不是還是沉默
才上國中他就有上警局的紀錄
高中就開始販賣吸食毒品
高三那年他因為身藏大麻被起訴
爸媽在某個週末他出門的時候
由媽媽代表跟他說這個家不歡迎他
他們不希望他的行為影響到弟弟

然後

他一刀剪斷那只已掉落地上許久的風箏的線

任由偶爾吹起的風

矮矮低低的飄移著

不再有令人稱讚的身姿

總是陰溼骯髒的拖行著

這天他爸媽又慎重的坐下跟他談話

他感到不妙

爸爸依照往常慣例只瞪著他看不出聲

媽媽則把一根大麻放到桌上

「這跟我無關！」TOM 說。

「TOM，我們真的不歡迎你，我們不知怎麼跟你相處。」

媽媽說。

他們連給他說明的機會都不給

不過也難怪如此

這個家藏有大麻不懷疑 TOM 還懷疑誰呢

離家一千公尺的公車站

TOM 明白這次是永遠的離家了

他坐在路邊的鐵欄上

看著弟弟遠遠騎著單車過來

「嗨，來跟我道別嗎？」

「哥，謝謝你沒把我供出來！」

TOM 很驚訝的看著這個弟弟，他也到了自己那個磨人的

階段了嗎

他看來適應得很好，不是嗎？

TOM沒回答，因為他覺得自己沒權利告訴他怎麼做才是
對的

「哥，你還有大麻嗎？」

TOM從身上拿出剛才媽媽放到桌上的那根大麻，遞到鼻
前聞了聞，然後不屑一顧的丟到地上，踩了

「你回去吧，好好想想我的下場。」

禁

因為越進步的地方就越會知道人不能因為多數而犧牲少數

禁止
無疑是加強注意

臺灣壹傳媒打出動新聞
用動畫來描繪犯案的過程
這過程有兇殺案件　有性案件　有暴力案件
播出後引發各界驚恐
尤其是父母和幼兒團體
他們深深恐懼這會帶給孩子極大的負面

從傳媒法上
政府無法可管
所以臺北市前市長郝龍斌就搬出兒少法來開罰
並迎合輿論趁機禁止學校和公家機關訂閱這動新聞的相
關姐妹報

禁止背後真正的意圖
其實是希望這類新聞能分級

能保護某些不能分辨是非的孩子
只是沒想到我們的父母官
卻來了個下下之策
禁

你會因為有人喝酒過量成了酒鬼毀了家而禁止賣酒嗎
你會因為有部門鬥狠的少年染髮而認定染髮是不良行徑嗎
那麼　請問我們的郝市長
如果真要是嚴重到會影響到我們的孩子
那你對有機會看到這些新聞的孩子有什麼補救措施或機
會教育呢
為何都不派專家到媒體上宣導呢
這麼熱的新聞還怕沒機會說明嗎
你難道不清楚對於一個民主時代而言
禁　是何等嚴重的問題
難怪連國際媒體都對這項舉措搖頭

禁止戀愛
只會更想談戀愛
禁止思考
只會禁不住更想
完全不懂人性的政策就會變成官僚
毫無新意又愚蠢難看
只有恐懼的防堵只能證明是無知

禁止和死刑的廢除
已是人類進步的一個里程碑
因為越進步的地方就越會知道
人不能因為多數而犧牲少數

會重視一個人的意見的地方
人類的生活才有希望

禁啊
你到底知不知道你因此禁掉了什麼
當個家長
你很有可能也以為自己也有這個權利
禁止這個禁止那個
沒有比禁止更好的方法嗎
還是就是想用這方法來展現你的權力

禁止
說明的何止是你的無能為力
更寫下二十一世紀霸道的決定的一頁荒謬

菩薩心

菩薩的沉默反而讓信徒開始自省
教官的威嚴再怎麼說都像是責罵

小時候到廟裡拜拜
由於不認得幾個神
我一律都在心中默念：菩薩好，我是……

菩薩這兩字對我而言
比起神、佛、仙要來得親切許多
很像是自己的奶奶總是存著包容心
不管我跟她訴什麼苦道什麼難
她雖不知該說什麼
但都會抱著我

這就是菩薩心吧
我認為很多媽媽都是因為少了菩薩心才和孩子關係詭異

媽媽為何得不到孩子的認同
媽媽為何抓不到溝通的訣竅
會不會是因為媽媽都太操之過急呢
有些媽媽會把孩子的學習之旅布置成戰場

學習　學習　學習
奮鬥　奮鬥　奮鬥
既然是要過關斬將
當然就不會有太多時間過太平盛世
於是每一天都充斥著喝令的聲音
每一天都在往爭戰之路前進
沒空享受平凡的家庭生活
久而久之備戰狀態就變成常態
一晃眼就一二十年
這些年家庭的氣氛都不會平靜溫馨

把孩子最不會被定型的前二十年全耗在追趕分數的旅途
好嗎
學校的這些課本妳真的認為能幫助孩子多少呢
文憑不如實力的時代來了妳知道嗎
有實力的人都會在做一件事之前問自己幾件事
我為什麼要做這件事
這件事值得做嗎
那我做了想得到什麼
怎樣才能做到最好

與其要扮演一個陪讀教官
與其盲目的死背考題答案
不如成為菩薩
教官說：你怎麼這麼粗心，罰你再算十遍

菩薩則說：我們一起來想想解決粗心的方法
一個動不動就用發飆的語氣講話的媽媽
妳就會給孩子一種影響
原來解決事情的態度都要如此情緒化

教官跟菩薩最大的差別是
教官以為重罰才能取得高分
菩薩在乎別讓學習變成痛苦
一個積極達到目的
一個重視圓滿態度
這不是非黑即白的選擇
端看妳怎麼把菩薩心放到教官的身體裡
妳可以從一兩件小事上做個實驗
看看態度的轉變是不是有助於兩人的相處
是不是讓學習更有趣
但不要試一兩回沒用就放棄
這樣的方法對妳而言還是陌生的步驟
要有多練幾次的耐心
就像孩子學習時會被叮嚀一樣

每一天一直有人對妳大吼大叫的學習
任誰都會不爽和反彈
那就有可能更不想改變
妳以為改變一個習慣有那麼容易嗎
那要妳當個菩薩那麼有正當的理由妳還做不到是為了什麼

緊張

也許會讓一個孩子馬上就範

但可能會在他心裡埋下痛恨這學習的因子

生氣

或許能讓他警覺此次的錯誤

但可能會讓他只在乎妳生氣而不是那件事

如果妳每天都會大發脾氣和孩子溝通

那是不是也在顯示妳的方法有問題

妳願意讓家每天重複這樣的氣氛呢

就為了妳要他學會某些妳一直要他做到

但他都做不好的事嗎

菩薩不出門就有信徒來跟祂求助

但祂也沒明確的提供方法

教官時時緊迫盯人上緊了發條

但學生一想到他就趕緊躲

菩薩的沉默反而讓信徒開始自省

教官的威嚴再怎麼說都像是責罵

如果這兩者能坐下來彼此欣賞

做一些不一樣的調整

軍隊在教官的嚴管下

可能會製造出很多不適應社會的人

因為現實的社會和部隊裡的生活大大不同

妳若是要拿部隊那一套到外面的世界來要求
妳就會驚覺大部分的人不會理會妳
因為沒有讓人清楚的道理
沒有和諧的口氣
沒有趕得上時代的觀念
這時代真的不一樣了
強壓意識給人
即使對象是妳的孩子
遲早有一天他可能會問妳：
妳知道妳是為了什麼要這麼做嗎？

以前我一直以為菩薩到底有沒有在幫人啊
眼看大家買了香也祈禱
跪下了更交出了心
也沒見過菩薩明確的幫上什麼忙
現在我反而察覺了不干涉問題的好處
靜伴
不偏不倚
充滿疑惑所以逼妳自己去思考
真正的菩薩絕對不會透過騙子去傳達旨意
祂一定是事不關己的榜樣
不告訴妳怎麼做
但做對了有可能上天堂當個幾秒鐘感覺良好的天使

魚

彼尾歡喜的魚啊　彼尾憂愁的魚　不時住在媽媽的面內底

媽媽的目睭邊　有一尾魚
歡喜的時陣　它就跳來跳去

媽媽的目眉頂　嘛有一尾魚
憂愁的時陣　它就泅來泅去

彼尾歡喜的魚啊
彼尾憂愁的魚
不時住在媽媽的面內底

彼尾憂愁的魚
彼尾歡喜的魚
有時嘛會泅來阮的心內面

新時代的偉大母親

世界上每一個人每一件事都會是孩子的導師
不會都是妳告訴他的

所有偉大母親的「偉大」
幾乎都是由苦難、災難、性命換來的
這世界上有哪個國家有哪個關於「偉大母親」的故事
不是又苦又悲又慘又痛呢
這些故事總是犧牲母親所有的幸福健康愛情夢想
看完這些故事
很多人都哭了
卻沒有一個人出來替媽媽減輕苦難
好像媽媽受的苦都是該受的
不然就沒辦法妝點母愛的偉大

這到底是怎麼回事

還是母親受難是奪取偉大的必經之路
就像人們會說只有經歷過自尊被掃地的軍中訓練才能成
為真男人
真的是這樣嗎
這樣才是男人嗎

新時代的偉大母親的標準如果還要像日劇《阿信》的話
我奉勸所有女性放棄當母親
因為太危險了
她怎會在惡婆婆的凌虐和老公的軟弱的雙重危險下
還要懷孕
帶著其他年幼的孩子一起到田裡做苦工
這樣算是保護孩子嗎
每回大難不死都是命不該絕
根本不是她有實力得以撐過
這是一部把母愛弄得極其偉大的恐怖片
惡婆婆　不負責的丈夫
生了一堆永遠不和的兒女是基本陣容
家人永遠不如外人
好景總是不常
一切都要壓抑自我來以德服人
讓母親千驚萬險是賣點

新時代的母親和舊時代的不同之處
在於舊時代的母親漠視母親的生活品質
沒有娛樂沒有夢想沒有自我的空間和時間
這樣的媽媽其實是工作量過大沒下班時間的管家
由於待辦的事務龐雜又難度高
而且沒有休息時間沒有期限
一旦工作停止

誰來填補她那長期被孩子和家務占據的行程表
那空空的表格裡
她以為是上個土風舞、練氣功、旅遊可取代的嗎

她要適應的是全新的人生
全新的習慣動作
一個連續二十年早上六點起來做早餐的人
妳以為不起來做早餐有那麼容易嗎
這就如同妳把妳的房間清空
如果妳要持續住在這房內
妳會拿什麼來搬進這房間呢
怎樣的東西才不會比以前的遜色
怎樣的安排才能割捨妳對往日的依戀
這些問題就像青春期的孩子快要進入屬於他們年代的愛
情前需要的叮嚀
可妙的是
我們這個世界都刻意忽略對這兩個時期的人的「提醒」

新時代的母親要稱得上偉大
妳必須遊刃有餘才能配得上當個典範
這「有餘」指的是輕鬆享受生活
忙到沒空睡覺
窮到四處借貸
苦到得憂鬱症
愛到欲罷不能

以上每個狀態都是可怕的症狀
但真正恐怖的是我們這個社會竟然把它當成常態

也就是說
新時代的媽媽不能再像以前的年代的媽媽那樣
不顧一切要小孩
想要有自己的小孩靠的是現實的實力
沒有足夠的財力　時間　心力
就會讓妳跟孩子陷進互為對方負擔的困境
沒有尊重個體發展的觀念
妳就會累死自己累死孩子
所有的衝突都是從不知尊重別人而引起的
不要忘記我們都是昨天的孩子
不要忘記我們要有比前人更進步的親子關係

動物星球頻道有一集講到單身女性養寵物
她們常因過度愛寵物而讓寵物過胖
她們帶寵物上高級餐廳
在家毫無限量供應人類的食物
不知道一杯咖啡可能就會讓寵物致死
不懂寵物過胖不動是因為食物過度負荷造成
愛之足以害之
無知足以凌遲

新時代的來臨

代表我們要放掉一些過時的舊習慣
代表我們要實驗新的方式
偉大是舊時代的產物
我們不會因為要偉大而來交朋友吧
我們不會因為要偉大而來結婚和生孩子吧
偉大對別人是個感動的故事
對自己則是悲慘的經歷
不偉大表示沒有風險
平凡才是人生活的常態

要給孩子幸福
就不能有太多賭注
生活可以簡單但不能貧困
現代的女性不能因為媽媽這個頭銜就變成黃臉婆
偉大是命運的結果而非奮鬥的目標
不管是為了什麼
我們都希望我們的人生真實可貴
也希望我們的決定受人尊重
我們對孩子的用力其實就是對自己畫像
這樣的複製妳有多大把握
不會只是讓孩子穿上妳的外衣而已
就像妳會渴望婆婆不要介入孩子的管教
這不是婆婆的問題
這是介入的問題

當個偉人要付出的代價都不會是享樂
當個母親要懂得要快樂不要過度擔憂
默默的陪伴
多花時間陪伴
像個農夫
耕耘時不會狂說道理
沒有萬無一失的保險箱
這世界上每一個人每一件事都會是孩子的導師
不會都是妳告訴他的
讓孩子自己去觀察學習體悟
除非妳是個全能的專家

讓我們一起來想想如何做一個輕鬆又滿足的媽媽
有時間和朋友聚會的媽媽
有心情一個人去旅遊的媽媽
有不把孩子和老公當作她生活的重心的媽媽
有懂得讓家務分配得宜的媽媽
有了以上能力的媽媽
做媽媽才有意思
要偉大
還不如去做一次SPA

許常德作品集 010

母愛真可怕？【馨愛珍藏版】

作　　　者——許常德
內頁插畫——許與安
主　　　編——陳信宏
責任企畫——曾俊凱
美術設計——FE 設計 葉馥儀
電腦排版——極翔企業有限公司
董 事 長
　　　　——趙政岷
總 經 理
總 編 輯——李采洪
出 版 者——時報文化出版企業股份有限公司
　　　　　10803 台北市和平西路 3 段 240 號 3 樓
　　　　　發行專線—（02）2306-6842
　　　　　讀者服務專線—0800-231-705・（02）2304-7103
　　　　　讀者服務傳真—（02）2304-6858
　　　　　郵撥—19344724 時報文化出版公司
　　　　　信箱—台北郵政 79～99 信箱
時報悅讀網——http://www.readingtimes.com.tw
電子郵件信箱——newlife@readingtimes.com.tw
時報出版愛讀者粉絲團——http://www.facebook.com/readingtimes.2
法律顧問——理律法律事務所　陳長文律師、李念祖律師
印　　　刷——盈昌印刷有限公司
初版一刷——2017 年 4 月 21 日
定　　　價——新台幣 380 元
（缺頁或破損的書，請寄回更換）

時報文化出版公司成立於一九七五年，
並於一九九九年股票上櫃公開發行，於二○○八年脫離中時集團非屬旺中，
以「尊重智慧與創意的文化事業」為信念。

國家圖書館出版品預行編目資料

母愛真可怕？【馨愛珍藏版】/ 許常德著 .-- 初版 .--
　臺北市：時報文化, 2017.04
　面；　公分 .--（許常德作品集；10）
　ISBN 978-957-13-6982-2（平裝）

　1.母親 2.親子關係 3.文集

544.14107　　　　　　　　　　106005037

ISBN 978-957-13-6982-2
Printed in Taiwan